U0733727

电力施工项目成本控制与工程造价管理

冯斌　孙赓　著

中国纺织出版社有限公司

内 容 提 要

电力产业是我国的经济命脉之一，作为基础性产业，它不仅对整个社会经济的发展有重要的影响，还与人们的日常生活息息相关。本书主要讲述了电力施工项目的成本控制与工程造价管理，对如何管理和控制好电力工程项目造价这一行业关键问题进行了全面深入分析，全书共八章，分别概述了电力施工项目的成本控制与工程造价管理的基本内容，工程项目造价管理机制，电力工程造价管理，施工项目成本管理现状，电力工程成本管理，电力施工项目成本管理的对策和方法，投标、签约阶段成本控制，以及电力工程项目收尾管理。

图书在版编目（CIP）数据

电力施工项目成本控制与工程造价管理 / 冯斌，孙赓著 . -- 北京：中国纺织出版社有限公司，2021.11（2025.1重印）
ISBN 978-7-5180-9176-8

Ⅰ．①电… Ⅱ．①冯…②孙… Ⅲ．①电力工程—成本控制—中国②电力工程—工程造价—中国 Ⅳ．① F426.61

中国版本图书馆 CIP 数据核字 (2021) 第 241457 号

策划编辑：史岩　　　　责任编辑：陈芳
责任校对：高涵　　　　责任印制：储志伟
中国纺织出版社有限公司出版发行
地址：北京市朝阳区百子湾东里 A407 号楼　邮政编码：100124
销售电话：010—67004422　传真：010—87155801
http://www.c-textilep.com
中国纺织出版社天猫旗舰店
官方微博 http://www.weibo.com/2119887771
北京虎彩文化传播有限公司印刷　各地新华书店经销
2021 年 11 月第 1 版　　2025 年 1 月第 2 次印刷
开本：710×1000　1/16　印张：11.75
字数：200 千字　定价：88.00 元

凡购本书，如有缺页、倒页、脱页，由本社图书营销中心调换

前　言

　　电力产业是我国的经济命脉之一，作为基础性产业，它不仅对整个社会经济的发展有重要的影响，还与人们的日常生活息息相关。改革开放至今，我国电力产业体制发生了巨大变化，已基本完成"厂网分离"，分为发电和电网两大部分，各种发电集团和电网经营企业也应运而生。进入 21 世纪后，我国人民生产生活水平得到很大提高，对电力的需求量迅速增长，原有的电力资源远不能满足人们的生产生活发展需要。在此背景之下，各种电力工程项目如雨后春笋般出现。

　　本书在写作过程中，得到了很多人的无私帮助，他们给作者提出了很好的建议，在此对他们一并表示感谢。写作中作者参考了大量同仁的论文或著作，在此特致谢意，衷心希望能够更好地相互促进、共同发展。

　　限于作者的知识、认知及实践经验的不足，书中有些方面写得尚不充分，甚至存在不妥之处，衷心希望广大读者提出宝贵意见，作者在此预致谢意。

冯斌　孙赓

2021 年 11 月

目　录

第一章 概述

电力工业是国民经济发展中重要的基础能源产业。随着国民经济的持续快速增长，近几年电力工业装机容量呈现出高速增长的态势。电力基本建设的这种前所未有的发展状况，一方面使各发电集团规模快速扩大，另一方面也为发电市场埋下了激烈竞争的"种子"。发电企业之间的竞争，归根结底是成本的较量，而电力工程项目造价是影响发电厂建成投产后竞争能力的十分重要的因素。因此，如何管理和控制好电力工程项目造价就成了发电集团新建或扩建项目的关键问题。

一、常见工程项目管理模式

工程项目管理模式是指工程项目建设的基本组织模式，也可以称为工程项目采购方式。由于它确定了工程项目管理的总体框架、项目参与各方的职责、义务和风险分担，因而在很大程度上决定了项目的合同管理方式以及建设速度、工程质量和造价，所以它对业主和项目的成功都很关键。在国际上，各个国家、各个国际组织、学会、协会以及专家学者对工程项目的管理模式分类不尽相同，本书站在业主角度，依据工程项目的合同关系与组织管理关系，分别简要介绍国际上比较成熟的和一些新发展的六类 10 种工程项目的管理模式。

（一）传统的项目管理模式

传统的项目管理模式也叫"设计—招投标—建造"（Design-Bid-Build，DBB）模式或通用模式，这种项目管理模式在国际上最为通用，世行、亚行贷款项目和采用国际咨询工程师联合会 FIDIC "施工合同条件"（1999 年第 1 版）的项目均采用这种模式。我国目前采用的"招标投标制""建设监理制""合同管理制"基本上是参照的世行、亚行和 FIDIC 的这种传统模式。

这种模式由业主委托建筑师／咨询工程师（以下简称工程师）进行前期的可行性研究等工作，待项目评估立项后再进行设计，编制施工招标文件，设计基本完成后协助业主通过招标选择承包商。业主和承包商签订工程施工合同，由承包商与分包商和供应商单独订立分包及设备材料的供应合同并组织实施。业主单位一般指派业主代表（可由本单位选派，或从其他公司聘用）与咨询方和承包商联系，负责有关的项目管理工作，由于投资控制对业主方很重要，所以有时业主指定工料测量师作为业主代表监督设计和施工，而在施工阶段的有关管理工作一般授权建筑师／工程师（即我国的监理工程师）进行。建筑师／工程师与业主签订委托服务合同，按照业主方和承包商的合同中规定的工程师的职责和权限进行项目管理。

该模式的优点：由于这种模式长期、广泛地在世界各地采用，因而管理方法成熟，各方对有关程序都很熟悉；业主可自由选择咨询设计人员，可控制设计要求，施工阶段也比较容易提出设计变更；可自由选择监理人员监理工程；可采用各方均熟悉的标准合同文本，有利于合同管理和风险管理。

该模式的缺点：项目设计—招投标—建造的周期较长，建筑师／工程师对项目的工期不易控制；管理和协调工作较复杂，业主管理费较高，前期投入较高；对工程总造价不易控制，特别在设计过程中对"可施工性"考虑不够时，容易产生变更，从而引起较多的索赔；出现质量事故时，设计和施工双方容易互相推卸责任。

（二）设计—建造（Design-Build，D/B）模式

1.传统的设计—建造（Design-Build，D/B）模式

传统的设计—建造（Design-Build，D/B）模式是一种简练的项目管理模式。

在这种模式下，业主方首先招聘一家专业咨询公司为他研究拟建项目的基本要求，在项目原则确定之后，业主只需选定一家公司负责项目的设计和施工。这种模式在投标时和订合同时通常以总价合同为基础，但允许价格调整，也允许某些部分采用单价合同，D/B总承包商对整个项目的成本负责，总承包商可以利用本公司的设计和施工力量完成一部分工作，也可以采用招标方式选择设计或施工分包商。

业主方雇佣工程师（FIDIC"新黄皮书"）或业主代表（美国AIA合同条件）进行项目管理，管理的内容除了对施工进行监理外，对设计也要管理，包括对承包商设计人员资质的审查，对承包商设计文件和设计图纸的审查，按"业主的要求"中的规定检查、审核或批准承包商的文件，参与讨论设计等。显然，在D/B模式中，承包商对整个工程承担大部分责任和风险，此种模式可用于房屋建筑和大、中型土木、机械、电力等项目。

该模式的主要优点：由单个承包商对整个项目负责，有利于在项目设计

阶段预先考虑施工因素，避免了设计和施工的矛盾，可减少由于设计错误引起的变更以及对设计文件解释引发的争端；在选定 D/B 承包商时，把设计方案的优劣作为主要的评标因素，从而可保证业主得到高质量的工程设计；在项目初期选定项目组成员，连续性好，项目责任单一；总价包干（但可调价），业主可得到早期的成本保证；可对分包采用阶段发包方式，缩短了工期，项目可以提早投产，业主能节约费用，减少利息及价格上涨的影响。

该模式的主要缺点：业主无法参与设计人员（单位）的选择；业主对最终设计和细节的控制能力降低；由于造价包干可能影响设计和施工质量。

2. 设计—管理模式（Design-Manage，D/M）

这种模式通常是指由同一实体向业主提供设计，并进行施工管理服务的工程管理方式。业主只签订一份既包括设计也包括管理服务在内的合同，设计公司与管理机构为同一实体，此实体也可以是设计机构与施工管理企业的联合体。

设计—管理模式可以通过两种形式实施。

（1）业主与设计—管理公司和施工总承包商分别签订合同，由设计—管理公司负责设计并对项目实施进行管理。

（2）业主只与设计—管理公司签订合同，再由该公司分别与各个单独的分包商和供应商签订分包合同，由他们负责施工和供货。

设计—管理模式可看作建筑工程管理模式 CM 与设计—建造两种模式相结合的产物。

该模式的主要优点：可对总承包商或分包商采用阶段发包方式以加快工程进度；设计—管理公司的设计能力相对较强，能充分发挥其在设计方面的长项。

该模式的主要缺点：由于设计—管理公司往往设计能力强，管理能力较差，因此可能不会管理施工承包商，特别是在形式二的情况下，要管理好众多的分包商和供应商，对设计—管理公司的项目管理能力提出了更高的要求。

3. 更替型合同模式（Novation Contract，NC）

更替型合同模式是一种新的项目管理模式，也可看作传统模式与设计—建造模式的巧妙结合，即业主在项目实施初期委托某一设计咨询公司进行项目的初步设计（一般做到方案设计或更多），当这一部分工作完成（根据不同类型的建筑物，可能达到全部设计要求的 30%~80%）时，业主可开始招标选择承包商，承包商与业主签约的内容，除包括施工外，还承担全部未完成的设计工作，并规定承包商必须与原设计咨询公司签订设计合同，完成剩余的一部分设计。此时，设计咨询公司成为设计分包商，对承包商负责，由承包商对设计进行支付。

该模式的主要优点：既可以保证业主对项目的总体要求，又可以保持设计工作的连贯性；可以在施工详图设计阶段吸收承包商的施工经验，提高设计的"可施工性"，并有利于加快工程进度、提高施工质量；可减少施工中设计的变更；由承包商更多地承担这一实施期的风险管理，为业主方减轻了风险；后一阶段由承包商承担了全部设计建造责任，合同管理也较易操作。

该模式的缺点和需注意事项：业主方必须在前期对项目有一个周到的考虑，因为设计合同转移后，变更就会比较困难；在签订新合同时，要仔细研究新旧设计合同更替过程中的责任和风险的重新分配，以尽量减少以后的纠纷。

（三）设计—采购—施工（Engineer-Procure-Construct，EPC）交钥匙（Turnkey）模式

EPC Turnkey 是一种重要的承发包模式，即承包商向业主提供包括设计、施工、设备采购、安装和调试直至竣工移交的全套服务，有时还包括融资。对一个 EPC Turnkey 总承包商而言，设计、采购、施工（EPC）的工作范围大致包括：

（1）设计（Engineer）。除包括设计计算书和图纸外，还根据"业主的要求"中列明的设计工作，即项目可行性研究，配套公用工程设计，辅助工程设施的设计以及结构/建筑设计等。

（2）采购（Procure）。可能包括获得项目或施工期的融资，购买土地，购买包括在工艺设计中的各类工艺、专利产品以及设备和材料等。

（3）施工（Construct）。一般包括全面的项目施工管理，如施工方法、安全管理、费用控制、进度管理、设备安装调试及工作协调等。

这种模式与前面所述的设计—建造模式类似，但承包商往往承担了更大的责任和风险，整个工程一般不再设置工程师，只由业主代表对项目进行直接的较宏观的管理。EPC 主要应用于以大型装置或工艺过程为主要核心技术的工业建设领域，如通常包括大量非标准设备的大型石化、化工、橡胶、冶金、制药、能源等项目，这些项目共同的特点是工艺设备的采购与安装成为投资建设的最重要、最关键的过程，而工艺设备的采购与安装又与工艺的设计紧密相关。

从风险承担方面来看，FIDIC 对一般的 D/B 与 EPC Turnkey 做了区分。

EPC 模式招标文件的"业主的要求"中，要求说明工程的目标、范围、设计要求和技术标准等以及合同对此文件所做的任何补充与修改。因为总价包干项目不允许调价，风险主要由承包商承担，因而一般工程的造价较高，

但应允许投标人对资料和数据进行调研和核实，在招标投标过程中，投标人和业主就技术问题和商务条件进行讨论并将达成的协议写入备忘录或补充文件，并成为合同的组成部分，其优先权优于合同条件、业主的要求和承包商的投标书。该模式的主要优点：由单个承包商对项目的设计、采购、施工全面负责，项目责任单一，简化了合同组织关系，有利于业主管理；EPC 项目属于总价包干（不可调价），因此业主的投资成本在早期即可得到保证；可以采用阶段发包方式以缩短工程工期；能够较好地将工艺的设计与设备的采购及安装紧密结合起来，有利于项目综合效益的提升；业主方承担的风险较小。

该模式的缺点：能够承担 EPC 大型项目的承包商数量较少；承包商承担的风险较大，因此工程项目的效益、质量完全取决于 EPC 项目承包商的经验及水平；工程的造价可能较高。

（四）项目管理型承包模式

1. 项目管理承包（Project Management Contracting，PMC）模式

PMC 是指由业主通过招标的方式聘请一家有实力的项目管理承包商（公司或公司联营体），对项目的全过程进行集成化的管理。这种模式下，管理承包商须与业主签合同，并与业主的专业咨询顾问（如建筑师、工程师、测量师等）进行密切合作，对工程进行计划、管理、协调和控制。工程的实施由各施工承包商承担，具体负责工程施工、设备采购以及对分包商的管理。施工承包商一般只与管理承包商签合同，而不和业主签合同，但管理承包商选定的施工承包商须经业主批准。该模式属于风险型管理承包模式。

对于 PMC 模式，英国合同审定联合会（Joint Contracts Tribunal，JCT）的管理合同将管理承包商的工作分为两个阶段：施工前阶段和施工阶段。业主向管理承包商的支付采用酬金加成本补偿方式，在英国其管理酬金约为项目成本的 2%~6%，如果管理承包商管理项目前期，其管理酬金一般为包干。管理承包商和施工承包商的合同可以采用单价合同、总价包干合同或成本补偿合同，也可用阶段发包，但均需得到业主的批准。在支付时，业主方要审查管理承包商对施工承包商的支付申请。业主以咨询工程师（一般为工料测量师）提出的项目成本为基础，要求管理承包商在管理施工项目时控制成本，如果成本超出双方约定的百分比（如 5%），则适当扣减管理酬金以促使管理承包商控制成本。

该模式的主要优点：可充分发挥管理承包商在项目管理方面的专业技能，统一协调和管理项目的设计与施工，减少矛盾；如果管理承包商负责管理整个施工前阶段和施工阶段，则有利于减少设计变更；可方便地采用阶段发包，

有利于缩短工期；一般管理承包商承担的风险较低，有利于激励其在项目管理中的积极性和主观能动性，充分发挥其专业特长，为业主管好项目。

该模式的主要缺点：业主与施工承包商没有合同关系，因而控制施工难度较大；与传统模式相比，增加了一个管理层和一笔管理费，但如果找到高水平的管理承包商，则可以从管理中获得效益；管理承包商与设计单位之间的目标差异可能影响相互间的协调关系。

一般采用该模式的业主常常是多个大公司组成的联营体，投资开发大型国际项目，需要从商业银行或出口信贷机构取得国际贷款，而如果业主其自身资产负债无法取得融资担保，则需要选用有良好信誉的管理承包商以获得国际贷款；当业主本身的资源和能力无法完成项目时，也需要寻求高水平的管理承包商。

2. 建筑工程管理模式（Construction Management Approach，CM）

建筑工程管理模式，又称阶段发包方式（Phased Construction Method）或快速轨道方式（Fast Track Method），最先在美国产生，是在国外较为流行的一种合同管理模式。这种模式采用的是阶段性发包方式，与设计图纸全部完成之后才进行招标的传统连续建设模式（Sequential Construction Approach）不同。

该模式的特点是：由业主委托的 CM 方式项目负责人（Construction Manager，CM）与建筑师组成一个联合小组，共同负责组织和管理工程的规划、设计和施工。在项目的总体规划、布局和设计时，要考虑到控制项目的总投资。在主体设计方案确定后，完成一部分工程的设计，即对这一部分工程进行招标，发包给一家承包商施工，由业主直接与承包商签订施工承包合同。

传统的连续建设模式的招标发包方式与阶段发包方式的比较：

该模式的优点：可以缩短工程从规划、设计到竣工的周期，整个工程可以提前投产，节约投资，减少投资风险，较早地取得收益；CM 经理早期就介入设计管理，因而设计者可听取 CM 经理的建议，预先考虑施工因素，以改进设计的可施工性，还可运用价值工程改进设计，以节省投资；设计一部分，竞争性招标一部分，并及时施工，因而设计变更较少。

该模式的缺点：分项招标可能导致承包费用较高，因而要做好分析比较，研究项目分项的多少，充分发挥专业分包商的专长；业主方在项目完成前对项目总造价不能完全确定。

该模式中要求挑选精明强干、懂管理、懂经济、懂工程技术的人才来担任 CM 经理。CM 经理与业主为合同关系，他负责工程的监督、协调及管理工作，在施工阶段的主要任务是定期与承包商会晤，对成本、质量和进度进行监督，并预测和监控成本和进度的变化。

CM 模式可以有多种方式，常用的有两种形式：

（1）代理型 CM 模式（"Agency" CM）。采用这种形式时，CM 经理是业主的咨询和代理，替业主管理项目，按照项目规模、服务范围和时间长短收取服务费，一般采用固定酬金加管理费，其报酬一般按项目总成本的 1%~3% 计算。业主在各施工阶段和承包商签订工程施工合同。该模式属于管理型管理承包模式。

该模式的优点：业主可自由选定负责设计的建筑师或工程师；在招标前可确定完整的工作范围和项目原则；完善的管理与技术支持。

该模式的缺点：在明确整个项目的成本之前，投入较大；索赔与变更的费用可能较高，业主方投资风险很大；由于分阶段招标，CM 经理不可能对进度和成本作出保证。

（2）风险型 CM 模式（"At-Risk" CM）。采用这种形式，CM 经理在开发和设计阶段相当于业主的顾问，在施工阶段担任总承包商的角色。一般，业主要求 CM 经理提出保证最大工程费用（Guaranteed Maximum Price，GMP）以保证业主的投资控制。如果最后结算超过 GMP，由 CM 经理的公司赔偿；如果低于 GMP，节约的投资归业主，但可按约定给予 CM 经理公司一定比例的奖励性提成。这里的 GMP 包括工程的预算总成本（包括工程的直接成本、间接成本）和 CM 经理的酬金（包含管理费、风险费、利润、税金等），但不包括业主方的不可预见费、管理费、设计费、土地费、拆迁费和其他业主自行采购、发包的工作费用等。总的来说，相对于代理型 CM 模式，风险型 CM 经理的服务费率要高一些，一般在项目总成本的 4%~7%。这种形式在英国也被称为管理承包（Management Contracting），以区别于前一种方式。

该模式的优点除代理型 CM 模式的优点外，还有业主方对总投资心中有数，可在项目初期选定项目组的成员，可提前开工提前竣工，业主的投资风险较小等优点。

该模式的缺点：GMP 中包含设计和投标的不定因素；可供选择的、高水平的、能承担风险的 CM 公司较少；在确定 GMP 时，特别是其中的不可预见费时，业主方和 CM 公司意见不容易统一。

综上所述，在代理型 CM 模式中，CM 经理与专业承包商是工作沟通关系，而在风险型 CM 模式中，CM 经理与专业承包商之间是合同关系，并且由于 CM 经理为承包商承担了更多的风险，因此业主应给予其额外的报酬。

能够进行风险型管理的 CM 公司通常是从过去的大型工程公司演化而来

的。来自咨询设计公司的 CM 经理则往往只能承担代理型 CM。目前为了适应市场的要求，许多工程公司已形成独立的机构，能够进行任何一种形式的建筑工程管理。

（3）项目管理（Project Management，PM）模式。如今许多工程日益复杂，特别是当一个业主在同一时间内有多个工程处于不同阶段实施时，所需执行的多种职能超出了建筑师以往主要承担的设计、联络和检查的范围，这就需要由一家项目管理公司派出具有丰富工程项目管理经验的项目经理及其助手对一个工程项目进行全过程的管理服务。

项目经理的主要任务是自始至终对一个项目负责，按照业主与项目管理公司所签订的服务合同内容，可能包括项目任务书的编制、预算控制、法律与行政障碍的排除、土地资金的筹集，同时负责协调建筑师、工料测量师、结构工程师、设备工程师和总承包商的工作，使之分阶段地有序进行，在适当的时候引入指定分包商的合同，以使业主委托的工作顺利实施。这种模式提供的项目管理服务通常包括项目前期的咨询以及实施期间的管理服务，虽然与 PMC 模式类似，但不是由项目管理公司与承包商签订合同，只是管理协调关系。这种模式服务的范围可能更广，因而也可以叫作项目管理一体化模式。从本质上来说，这种模式是属于管理型的模式，而不是风险承包型的模式。

该模式的主要优点：由项目经理代替业主管理所委托的工作，往往从项目建设一开始就对项目全过程进行管理，因此可以充分发挥项目经理在这方面的经验和优势，有一个统一的管理思路；当业主同时具有多个项目时，可以避免由本单位派出的项目管理人员因缺乏经验而导致的失误和损失；业主可以比较方便地提出必要的设计和施工方面的变更；业主可以对投资、进度和质量控制得较好，有利于控制承包商的索赔。

该模式的主要缺点：项目经理的选择至关重要，如果选择不好，容易招致大的失误。

（五）特许经营权项目模式（BOT 模式）

特许经营权项目模式在国外一般简称 BOT（Build-Operate-Transfer）模式，即建造—运营—移交模式。这种模式是 20 世纪 80 年代在国外提出的依靠国内外私人资本进行基础设施建设的一种融资和项目管理方式，或者说是基础设施国有项目民营化。BOT 是私人融资活动（Private Finance Initiative，PFI）的一种方式。它是指某一财团或若干投资人作为项目的发起人，从一个国家的政府获得某项基础设施的特许建造经营权，然后由其独立地联合其他方组建项目公司，负责项目的融资、设计、建造和经营。在整个特许期内，项目公司通过项目的经营获得利润，并用此利润偿还债务。在特许期满之时，整个项目由项目公司无偿或以极少的名义价格移交给东道国政府。BOT 模式中的参与各方还包括政府、金融机构、运营公司、保险公司、代理银行等，他们都为项目的成功实施负责。

目前在世界上许多国家都在研究或采用 BOT 模式，我国的建设项目投资渠道也日益多元化，利用 BOT 模式建设的项目日益增多。项目发起人既有外资、民营资本，也有国有企业，甚至地方政府也参与投资，日益显现出这种融资及项目管理模式的优越性。

各国在 BOT 模式的基础上，又发展了许多类似的模式，如 BOOT（建设—拥有—运营—移交）、BOO（建设—拥有—经营）、BLT（设计—租赁—移交）、BT（建设—移交）、TOT（移交—运营—移交）、DOT（开发运营—移交）、RO0（更新—拥有—运营）等。

该模式的主要优点：能够减少政府直接投资的财务负担，避免了政府的债务风险；使急需建设而政府又无力投资的基础设施项目提前建成发挥作用，有利于满足社会和公众的需要，加速生产力的发展；BOT 项目通常由外国的公司承担，他们会带来先进的技术和管理经验等，有利于本国承包商的成长。

该模式的主要缺点：采用 BOT 模式承建的项目规模大，投资额高，建设和经营期限长，涉及各方的风险因素比较多且复杂，在建造和经营的全过程中，各方均应做好风险防范和管理；采用 BOT 方式投资的项目，涉及的参与方较多，合同关系复杂，需要很高的项目管理水平；项目收益的不确定性较大，政府在立项前需要做好充分的前期调研及准备工作；BOT 项目的收入一般为当地货币，因此如果项目公司的组成成员来自国外，项目建成后会有大量外汇流出。

（六）伙伴关系模式（Partnering 模式）

伙伴关系（Partnering）是指参与一个项目各方之间的关系。美国建筑业协会对于伙伴关系给出的定义是："伙伴关系是在两个或两个以上的组织之间为了获取特定的商业利益，充分利用各方资源而做出的一种相互承诺。参与项目的各方共同组建一个工作团队（Team），通过工作团队的运作来确保各方的共同目标和利益得到实现。"英国国家经济发展委员会也对伙伴关系下了定义："伙伴关系是在双方或者更多的组织之间，通过所有参与方最大的努力，为了达到特定目标的一种长期的义务和承诺。"

Partnering 模式就是以伙伴关系为基础，业主与参建各方在相互信任、资源共享的基础上，通过签订伙伴关系协议做出承诺和组建工作团队，在兼顾各方利益的条件下，明确团队的共同目标，建立完善的协调和沟通机制，实现风险的合理分担和争议的友好解决的一种项目管理模式。建立合作伙伴项目管理模式必须具备6项要素：在双方自愿基础上的承诺；明确的角色和责任；共同分担风险；充分地沟通与反馈；评价履约行为的客观方法；公平的奖惩机制。

与传统模式相比，采用Partnering模式可以对投资、进度、质量的控制产生显著的效果。根据国外统计数据，采用Partnering模式建设的项目，平均实际工期比计划工期提前4.7%，而用传统模式建设的工程项目平均工期比计划要拖后10.04%；工程变更、项目争议与工程索赔费用只是传统模式的20%~54%；建设的项目工程质量较高，项目业主对质量的满意程度比传统模式建设的项目平均提高约26%；在信息沟通、决策指定、解决争端、团体合作等诸多方面都有很大改善，用此模式，业主认为团队成员工作关系得到很大改善的占67%，工程总承包商有同样感受的达到71%。

Partnering模式在日本、美国、英国及中国香港地区都有所应用，国外学者Douglas D.Gnansberg等曾对Partnering模式的应用效果进行了调研。调研成果表明，在500万美元以下的小项目，Partnering优势不明显，但在500万以上至4000万美元的项目，Partnering均优于非Partnering项目。

二、工程项目管理模式的选择分析

（一）工程项目管理模式的风险因素分析

工程项目管理模式都有其自身的特点和适用范围，尤其在风险分担方面，每种模式下项目参与各方所面临的风险并不相同。明确及分清各种模式所面临的风险不仅是业主合理选择项目管理模式的需要，也是提高工程项目管理水平的要求。

本书以DBB模式、D/B模式、EPC模式和管理承包这几种常见模式为例，说明不同模式下业主（包括施工承包商、D/B承包商、EPC Tumkey承包商、管理承包商、风险型CM经理等）的风险因素。

（二）选用工程项目管理模式应注意的问题

业主选择工程项目管理模式绝不是任意的，而是受各种相关因素制约的。

工程项目管理模式的选择既要考虑各种模式的特征，同时还要依据工程项目自身和各参与方的特点综合考虑。一般来说，影响工程项目管理模式选取的主要因素有业主自身的管理能力和规模、监理咨询企业的规模及水平、承包企业的实力、项目本身特点、资金来源、目标要求、合同计价方式、外部经济环境等，不同的工程建设项目特点各不相同，应该根据具体情况选择最适宜的模式。

在上述工程项目管理模式中，按照业主参与管理程度、业主项目管理组织规模的不同，可以将其分为业主自行管理、业主与咨询（监理）工程师共同管理、业主不直接参与管理三种方式。下面仅对这三种方式阐明其各自的适用范围。

1. 业主自行管理型

传统的基建处、工程指挥部模式，基本上采用业主自行管理模式。

基建处（室）型主要针对经常有工程建设项目的政府部门及企事业单位，成立基建处（室），专门负责本部门、本单位的工程项目建设管理。在这种模式下，政府部门的基建处（室）除进行常规性的行政管理外，还要负责项目的具体实施。自 20 世纪 50 年代以来，一直都存在这种方式。这种模式的特点是"建、管、用"合一，不利于进行投资控制。

工程指挥部型也称"一次性业主"型，是由政府成立的临时性专门机构，负责某一工程建设与监督管理的全过程。机构负责人多由行政领导担任，管理人员从有关政府部门或单位临时抽调，项目建成后机构立撤销，人员回原单位。这种方式往往适用于一次性建设项目，不利于项目管理经验的积累。

2. 业主与监理咨询工程师共同管理型

DBB、D/B、PM、代理型 CM 均属于该类型。这种类型一方面业主可以掌控项目的具体执行过程，另一方面又能充分利用社会专业资源进行专业化管理和服务，提高项目管理整体水平，适用范围较广泛。

业主与咨询（监理）工程师共同管理的模式可按照业主的规模和给予咨询（监理）工程师管理授权的大小分为大业主小监理小咨询、小业主大监理大咨询两类。两者的主要区别在于业主规模、实力及对监理咨询授权的不同。前者强调业主自身有较强的管理能力和规模，后者业主规模较小，靠依托专业化监理咨询企业配合共同管理项目。

3. 业主不直接参与管理型

风险型 CM、PMC、EPC 等模式均属于该类型。这种类型业主基本不参与项目的直接管理，通过合同将风险主要转移给专业化、实力强大的承包商（总承包商、项目管理承包商）。该类型一方面需要业主有较强的选择承包商和分析项目风险的能力，另一方面需要有实力强大的承包商队伍。

三、电力工程项目管理模式的选择

(一)电力工程项目管理现状

我国基本建设项目业主管理模式的发展经历了四个阶段。第一阶段,国民经济恢复时期,多为建设单位自营式。第二阶段,第一个五年计划开始大规模经济建设以后,学习前苏联模式,实行甲、乙、丙三方协作制。第三阶段,20世纪60年代中期,从三线建设开始逐渐形成工程建设指挥部的形式。以上三个阶段在经济管理上的共同特点是:一是投资供给制,二是国家(各级主管部门)直接组织基本建设,三是孤立的分割式的建设程序。第四阶段是在20世纪80年代至今,1982年以后,逐渐推行项目法人责任制等国际通行的工程项目管理模式,但新旧模式同时存在。

目前电力行业工程项目建设基本上是采用项目法人责任制模式进行建设和管理。除个别电力工程试行总承包方式外,基本上采用传统的项目管理模式(DBB模式),即由业主分别与各专业施工承包商、设计承包商签订承包合同,另外业主再与监理单位签订委托一代理合同,业主、承包商和监理构成项目管理的三方。

这种模式在实际操作过程中存在以下问题:

(1)项目公司一般是通过任命形式组建,发电集团对项目公司的管理仍然是指标性的管理,指标制订不够科学,缺乏对项目公司高效的激励与约束。

(2)项目公司与施工承包商之间虽然是合同关系,但由于市场环境仍然不很规范,合同制订的公平度有待提高,双方的合同意识仍然淡薄,导致合同的规范执行存在问题。

(3)监理单位承担责任的能力较弱,发挥的作用有限,大部分只是充当施工期质量检验员的角色,其主要作用是对施工过程的质量控制,不能完全发挥监理应有的作用。

(4)按定额计算的设计概算本身存在着不能准确反映项目真实成本的缺陷,影响了造价管理的效果。

(5)项目管理信息系统建立比较滞后,缺少能够支撑项目参与各方在整个工程项目全生命周期中进行相互沟通、实现充分的信息交换和进行相互监督的平台。信息传递过程中丢失、失真、延误和不同步等现象严重,项目信息管理大多还停留在纸质文档方式的管理上,项目统计分析手段落后,很难为决策层提供决策支持等。

这种状况若仅依赖于业主自行管理工程项目,将很难胜任大规模的电力工程建设。综上所述,电力行业工程项目管理存在很多问题,为满足电力建设的需要，项目管理模式的改革势在必行。

（二）项目管理模式的选择与改革方向

从目前发展状况看，选择"小业主、大监理、大咨询"模式在现阶段宏观环境下，具有一定的先进性和适用性。主要原因如下：

（1）这种项目管理模式适应电力工程项目的条件和特点。电力工程项目投资大、建设期长、技术要求高、风险大，需要一个专门机构承载责任和行使权利，必然需要一个项目公司（项目法人）来支撑。项目法人可以真正代表着投资方的整体利益，他对项目的筹资、建设、生产经营、偿还债务和资产保值等负全责，表现为业主身份。同时由于目前电力建设项目公司（项目法人）规模较小，不能对电力工程所有过程进行全面管理，这就是所谓的"小业主"。同时，电力建设监理咨询企业还没有足够的能力和经验承担全部责任，总承包企业规模还不够大，市场培育还不充分，很难独立承担大型电力工程的总承包工作，还需业主承担起一定的项目管理工作和重要环节的决策职责。因此需要业主和监理咨询企业共同参与项目管理工作。

（2）这种项目管理模式有利于体现费用—效率比最优原则。实行"小业主、大监理、大咨询"管理模式可以充分整合社会资源。业主主要负责"组织、协调、监督、服务、决策"，其他专业性、技术性、事务性的工作，可以全部实行社会化运作。通过"大咨询"的方式，实现了技术、招标、设计、施工管理、调试、投资控制、流程、后评估等方面的专业化、社会化管理，通过竞优选择，让全社会的最优人才和组织为项目服务，充分整合社会资源。

（3）这种项目管理模式有利于投资方实现长期发展战略。相比EPC、PMC等模式，"小业主、大监理、大咨询"管理模式培养并保留一支精悍的基本建设工程项目管理队伍，这支队伍对上级控股单位或集团公司的持续发展战略起到坚强的支持和保障作用，这支队伍将提高集团公司的投资效益和能力，增强集团公司的竞争力。

对于一个长期投资电力建设的集团，尤其是实施做强做大战略的集团公司，电力建设项目不是一次性任务，单一项目完毕并不是建设使命的结束，持续的项目建设需要相对专业的工程项目管理队伍去完成，"小业主、大监理、大咨询"管理模式适应这类投资模式的公司。

（4）这种项目管理模式适应外部环境要求。在市场经济环境下，电力建设项目面临的外部环境主要体现在法律、政策环境方面。国家对电力建设项目管理的政策法律主要体现在以项目法人责任制为核心，实行资本金制、招投标制、工程监理制与经济合同制等五制改革。这"五制"在现有电力基本建设项目管理中得到了有效的贯彻执行，同时也有力地保证了"小业主、大监理、大咨询"模式下的项目的顺利建设。

因此，按目前的法律、政策环境，大项目选择"小业主、大监理、大咨询"管理模式具有一定的必然性。

（5）这种项目管理模式顺应国际项目管理的先进发展趋势。FIDIC是国际上从事项目管理的一个惯例性的规则，是市场经济机制下如何处理市场主体之间的行为关系应当遵循的基本标准，或者说是项目管理体制中的市场游戏规则，它能够有效地、公正地保护项目管理中、市场运作中各个方面的利益；能够很好地处理相互之间的关系。应该说这是国际上适合大型项目管理的一个大家共同遵循的基本运作标准，代表一种先进管理趋势。FIDIC条款反映了当前建设项目业主对施工阶段进行管理的国际最高水平。

FIDIC条款的一个基本规则是监理工程师作为工程的第三者和现场的管理者，也就是"小业主、大监理"的方式。FIDIC条款的另一个基本规则一般是通过索赔机制形成合同管理的有效制约，完全的索赔机制不符合中国目前的国情和文化。"小业主、大监理、大咨询"模式主要是通过双方有利于工程大局的有效的协调和协商来解决在合同管理过程中双方可能产生的争议或合同纠纷，而不是更多地诉诸于索赔和仲裁。在这个过程中，作为业主就要更多地按合同办事，同时考虑到工程承包商的困难，采取一种合同变更或合同补偿的办法来处理。作为施工承包商，也要本着工程的大局，合理地提出问题，经过双方充分协商，使各种合同纠纷和分歧得到一个稳妥的、各方满意的结果。这个方法在国内得到广泛运用。从这个意义上说，"小业主、大监理、大咨询"模式与FIDIC条款虽然还有一定的差异，但可以认为"小业主、大监理、大咨询"模式是FIDIC合同在中国的特色应用。

从长远目标来看，随着项目管理咨询行业及总承包企业日趋强大，"小业主、大监理、大咨询"的模式将逐步向专业化、社会化和系统化的工程建设项目管理模式过渡，最终过渡到PMC、EPC等模式。

四、"小业主、大监理、大咨询"模式的组织设置

（一）"小业主、大监理、大咨询"模式关系结构图

在"小业主、大监理、大咨询"管理模式中，相关利益参与主体有投资方与项目公司、政府部门、行业协会、监理单位、设计咨询单位、施工承包商、设备及材料供应商等。本书以上述其中一种模式为例进行介绍：小业主在项目公司处于中心位置，投资方通过项目公司与其他参与主体建立间接联系，业主与政府部门、行业协会等是管理与协调关系，与其他利益相关者是

合同关系。监理单位在一定程度上受业主委托处理与设计、施工、供应商等单位的关系，是一种项目管理协调关系。设计咨询单位、施工承包商、设备与材料供应商等之间的关系是合作协调关系。

（二）"小业主、大监理、大咨询"模式中三方的责权范围

1. "小业主"

"小业主"定位为"服务、协调、督促、管理、决策"等方面的职责，重点负责项目的前期决策及项目实施工程中对监理咨询单位的控制，对监理咨询工作程序以及人员素质结构、数量、流动的保持控制力度，使工程管理的整个过程始终处于受控状态，有效地把握了工程建设的主动权。通过制度使业主与监理的业务关系在"业主与监理职责与分工"的基础上进一步完善，实现了决策权、执行权、监督权三者相互有效制衡。具体职责表现为：组织编制项目初步设计文件，对项目技术路线、工艺流程、设备选型、建设标准、总图布置提出意见；组织工程设计、施工监理、施工队伍和设备材料采购的招标工作；编制和确定招标方案、标底和评标标准，评选和确定投、中标单位；编制并组织实施项目年度投资计划、用款计划、建设进度计划；编制项目财务预、决算；编制并组织实施归还贷款和其他债务计划；组织工程建设实施，负责控制工程投资、工期和质量；在项目建设过程中，在批准的概算范围内对单项工程的设计进行局部调整，处理项目实施中的重大紧急事件；负责生产准备工作和培训有关人员；负责组织项目试生产和单项工程预验收；拟订生产经营计划、企业内部机构设置、劳动定员定额方案及工资福利方案；组织项目后评价，提出项目后评价报告；按时向有关部门报送项目建设、生产信息和统计资料。

2. "大监理"

监理单位是独立法人实体与市场竞争主体。它作为工程建设管理的专业化队伍，帮助业主进行投资和建设的策划决策，起到工程卫士的作用。业主通过对监理单位充分放权压责、扩大监理范围，使其介入工程安全、质量、进度、投资控制、合同、信息管理及参与工程各方协调工作，发挥"五控制、两管理、一协调"的具体职能，代表业主全面负责项目实施中的过程管理。电力行业监理业务一般包括设计监理、施工监理和其他专业监理。监理的主要职责表现为：建设期建设质量、工艺满足投产标准要求；设计监理得当，工程费静态投资能得到有效控制；协调进度、工序、施工接口、设备交付、材料调用、图纸交付的进度、安全文明施工等工作安排；协调施工与设计、安装与建筑、调试与安装之间的工作；参加招标、评标工作；主持审查

承包商提交的施工组织设计；检查工程质量保证体系、安全保证体系和环境体系的建立情况。

3."大咨询"

"大咨询"的责权范围是把业主"组织、协调、监督、服务、决策"以外的所有专业性、技术性、事务性的工作，都实行社会化运作。

通过"大咨询"的方式，实现了技术、招标、设计、施工管理、调试、投资控制、流程、后评估等方面的专业化、社会化管理，通过竞优选择以合同关系将甲（小业主）乙（多个咨询单位）双方凝聚为责任和利益的共同体，使"小业主"的有效管理范围进一步延伸，将管理范围从原来单纯的施工组织协调扩大到整个工程建设周期的各个环节和阶段。

"大咨询"特点之一是信任专家、科学决策，全方位的专业化技术管理机制，多线交叉的工程管理的专家意见的指导机制，做到工程管理的科学决策、民主决策，避免了工程指挥的盲目和随意，减少了管理的漏洞。

第二章　工程项目造价管理机制

第一节　工程造价管理概述

一、工程造价定义

工程造价，一般是指某项工程建设所需花费的总费用，从不同的主体角度出发，可以有不同的解释。

从投资者、项目公司的角度看，工程造价就是工程项目按照确定的建设内容、建设规模、建设标准、功能要求和使用要求等全部建成并验收合格交付使用所需的全部费用，即指从项目决策、勘察、设计、采购、施工、竣工验收等一系列投资活动中所支付的全部费用。从数量上看，工程造价与工程项目固定资产投资相等，主要由设备器具购置费用、建筑安装工程费用和工程建设其他费用、预备费、建设期贷款利息和固定资产投资方向调节税等组成。

从承包商、供应商和规划、设计等机构的角度看，工程造价就是工程价格，即通常所指的承发包价格。指为建成一项工程，预计或实际在土地市场、设备市场、技术劳务市场以及承包市场等交易活动中所形成的建筑安装工程的价格和建设工程总价格。

二、工程造价管理的含义

根据中国建设工程造价管理协会（China Engineering Cost Association，CECA）的定义，基本建设工程造价管理指运用科学、技术原理和经济与法律等管理手段，解决工程建设活动中造价的确定与控制、技术与经济、经营与管理等实际问题，从而提高投资效益与经济效益。

工程造价有两种含义，工程造价管理也有两层管理：一是建设工程投资费用管理，二是工程价格管理。

本书所指的工程造价管理特指电力基本建设工程的项目公司为了实现电厂建设工程投资的预期目标，在拟订的电厂规划、设计方案的条件下，预测、计算、确定电厂基本建设工程的造价，并按照既定的造价目标，对造价形成过程中的变动信息进行统计分析，揭示偏差，并及时纠正的系统活动，是对工程投资费用的管理。

三、工程造价管理的理念

工程造价管理必须符合工程项目的特点，从而有针对性地提出工程造价管理的理念。一般地，工程项目具有以下几个特点：

（1）项目是由许多前后连续的阶段组成，每一阶段由各种各样活动构成。

（2）项目每项活动都受造价、工期、质量、安全、人员这五个基本要素的影响。

（3）项目所处环境是开放的、复杂多变的，具有较大风险性和不确定性。

（4）项目全过程涉及多个不同的利益主体，包括投资方、项目公司、承包商、勘察设计单位、设计监理、施工监理、造价咨询中介机构、政府等，整个过程由他们合作完成。

由于工程项目的特点，从而使工程造价管理涉及工程项目的全过程、具体工程活动的各个要素及工程参与各方之间的关系。同时由于工程造价管理是一项不确定性很强的工作，在项目实施的过程中，会出现许多不可预见的事情，需要对工程造价管理的全过程、全要素进行系统的计划与控制。

科学工程项目造价管理应贯彻下述四个指导思想：工程项目全过程造价管理、工程项目全要素造价管理、工程项目全风险造价管理和工程项目全团队造价管理。

（一）工程项目全过程造价管理

工程项目是人们通过生产技术活动，将各种资源转化成所需工程设施的一种独特过程。这一独特的生产技术活动过程既有明确的起点和终点，又有明确的阶段性和连续性。一个工程项目全过程是由各个不同阶段构成的，每一阶段的过程中又由若干个具体活动组成。对于业主而言，每一活动都会消耗资源，每一活动的发生都会有资金流出，从而形成工程造价。

因此，工程项目的全过程造价管理必须是基于活动与过程的，必须是按照工程项目的过程与活动的组成和分解的规律去实现对于项目的全过程造价管理。

工程造价的控制是全过程的，即从工程项目的立项开始到项目的交付使用为止，这个总过程通常可以分为三个阶段：投资决策和设计阶段；施工阶段；竣工决算阶段。

一般而言，第一阶段的工作对控制工程造价意义最大。

（二）工程项目全要素造价管理

由于工程项目的实现过程中每项活动都受五个基本要素和若干非基本要素，即造价、工期、安全、质量、人员、政策、物价、汇率等的影响。因此，工程项目的造价不仅需要从全过程造价管理去考虑对于一个项目的全面管理，而且需要从如何管理好影响工程项目造价的全部要素入手，去考虑对于一个项目造价的全面管理。我们往往习惯于讲事的控制，常常忽略了对人的管理。事实上，人员才是工程建设管理全要素中最活跃、最重要的。怎样管理好人员当然是管理工程造价全要素中最应该潜心研究的。

在对项目进行集成管理的众多方法中，比较有效的是挣值管理法，它实现了对项目工期和造价的集成管理，使用挣值管理法的前提是项目的质量符合要求。使用挣值管理法，能实现对工程项目各要素的集成管理。除此之外，还要考虑质量成本对造价的不同影响。

（三）工程项目全风险造价管理

工程项目的实现过程是一个存在着很多不确定性的过程，因为这一过程是一个复杂的、一次性的、开放的并涉及许多关系与变数的过程。这些特性造成了在工程项目的实现过程中存在着各种各样的风险，因此在工程项目造价管理中必须考虑风险对于造价的影响，必须同时开展对确定性造价和不确定性造价的全面管理。

工程项目的造价管理最重要的任务就是对不确定性造价的管理。不确定性造价既有显现的也有潜在的，都应高度重视。

（四）工程项目全团队造价管理

在工程项目的造价管理中会涉及投资方、项目公司、设计单位、施工单位、监理咨询单位等不同主体之间的利益冲突，只有协调一致，共同努力，形成良好的合作关系，整个项目的造价才能得到有效控制，从而实现工程项目造价相对最小化的目标。

由于这些利益主体之间的利益不同、立场不同、理念不同、企业文化与思维方法不同，使现有工程项目造价管理中存在着大量的不同利益主体之间的相互对抗、不同专业知识背景人员之间的沟通障碍、不同企业的文化与思想之间的冲突等许多问题，而且这些问题所造成的工程项目造价损失非常大。

不仅如此，在项目参与各方内部也有不同部门、不同人员之间团队合作问题，只有确立多赢的目标，营造和谐的气氛，建立良好的内部激励约束机制，凝聚大团队的力量，才能实现工程项目利益最大化。

四、工程造价管理的原则

由于工程项目管理涉及科学技术、法律、贸易、财经、公共关系等多方面的专门知识，是一门综合性管理科学，同时要求项目管理者具有沟通、协调能力和在复杂、多变的形势下迅速做出正确判断与决策的能力，又是一门"艺术"。因此，在工程项目造价管理过程中，在遵循上述造价管理理念的同时，应考虑、把握和坚持以下四个原则。

（一）"五控制"相互关系原则

"安全、质量、工期、造价、人员"是工程建设项目管理的核心内容，称为"五控制"，五者之间是矛盾对立统一体。工程项目应恰当地对工程进度、质量、造价、安全、人员进行管理和控制，协调好他们之间的关系。在"五控制"中，安全控制是一票否决，是保障；质量保证和质量控制是基础，是前提；进度控制是核心，是关键；造价控制是目标；人员控制是根本。控制不好各方人员其他就无从谈起。五者互相依存、互相制约。当上述五者发生矛盾时，在确保安全的前提下，应对其他四者做综合平衡，找出当时当地最佳的解决方案。一般地应首先发挥人的能动作用和活要素作用，把质量放在首位，但超过安全法规和通用技术标准的过高质量要求会影响到进度和造价，是不可取的。有时为了赶进度，允许突破某些预算限制，以追求综合造价最佳效果。

（二）工程项目与企业生产经营关系原则

工程造价管理的目的是将造价控制在一定范围内，在满足项目技术生产功能，适应项目投产后安全、经济生产要求的前提下，通过降低造价提升企业未来生产运营的竞争力。项目造价作为未来生产的固定资产投资，在项目生命周期内要分年度摊销到生产成本中去。因此，从项目策划、投资决策、设计、施工组织、竣工决算等工程建设全过程造价管理中，要确立项目全寿命期的成本意识，强化项目投产后的生产经营意识，而不能仅仅满足于将工程建设完成。在电力基建过程中，项目公司不能过高地追求工程质量标准，而不顾工程造价是否超标。对于与生产联系不大的基建项目，项目公司要慎重投资，以免增加工程总造价。当然，也不能忽视了未来长期生产经营的需要而过分地控制造价，这其实是一种短期的、不可取的成本控制行为。这种在基建期造成的造价亏欠，对项目投产后生产经营影响具有负面的放大效应。

因此，要立足未来的生产经营需要，综合考虑基建技术经济性、标外工程设施、设备等因素，最大限度地优化工程建设，为未来生产经营打下坚实的基础。项目公司的工程技术人员和生产准备技术人员要密切配合，在基建过程中进行充分的论证和沟通，避免出现工程刚投产就要对局部工程进行技术改造的现象，事实上是浪费投资。在工程建设造价管理过程中，各参与方要充分考虑并恰当处理基建与未来生产经营的关系，一切为未来生产经营需要服务。这是工程项目建设决策应确立的出发点和归宿，不能为建设而建设。

（三）投入与产出关系原则

工程建设造价的管理，实质上就是对工程项目的投入进行管理，应努力做到工程建设的各个环节在产出一定的情况下，控制和降低投入水平。在制订或决策工程项目投入计划时，要充分考虑产出因素，综合运用价值工程原理，做到合理投入，实现技术经济效益最大化。在工程建设过程中，对涉及工程造价的活动和因素，都要尽可能地计算每个方案的投入与产出比，经过多个比较，选择投入产出比最大的方案，工程造价水平应以本地区同期同类型工程的平均造价水平为参考。

（四）全面管理原则

电力工程建设项目一般具有参与单位多、投资额大、建设周期长、技术复杂等特点，建设过程涉及众多的活动、环节、要素，使工程建设管理成为一项十分复杂的系统工程。因此，工程造价管理必须坚持全面管理原则。在控制策略上要改变见物不见人的倾向。在控制内容上应把对"人"的控制作为重点，将传统的"四控制"扩展为"五控制"。所谓对"人"的控制应主要包括四方面：一是对负责项目建设管理的项目公司自身的建设和管理要不断加强、不断提升。从机构设置、人员配置、激励与约束机制的研究建立，上级对项目公司绩效的评价等方面应有切实可行的方案和操控。二是对项目聘请的施工监理、设计监理、设备监造、工程结算审计等咨询顾问单位要依据合同加强管理、考核和要求，充分信任、依靠，使其成为业主的"外脑"和"五官"，业主的"手"和"腿"。切忌花大价钱请来"外籍球员"不用，业主忘记身份亲自上阵去当"运动员"。这样容易"乱局"。三是对施工单位派驻施工现场项目部人员及设备和设计厂家派驻现场的工地代表要加强管理。合同中规定的人员、数量、素质条件，驻场时间、工作能力等都应是管理内容；

四是对生产准备人员的选择、到场时间、培训方法、考评机制等方面要加强管理。

总之，要对工程建设过程的各个环节进行管理，对所有的造价相关因素根据重要性进行合理管理，对参与工程建设的人进行管理，对造价相关的各项活动进行管理，形成对每一项价款支付相关的事项都有专项管理，从而达到对工程造价进行全面管理的目的。工程各参与方要树立全面管理意识，在工作中落实全面管理的思想，使每一项工作都与工程造价挂上钩，切实做到工程造价的有效管理。

第二节 工程造价分类与构成

一、工程造价分类

由于电力建设工程周期长、规模大、造价高，因此按照建设程序要分阶段进行，相应地也要在不同阶段多次性计价，以保证工程造价管理与控制的科学性。按照工程建设的先后顺序，可以将工程造价划分为八类。

（一）投资估算

投资估算是指编制项目建议书、进行可行性研究报告阶段编制的工程造价。一般可按规定的投资估算指标，类似工程的造价资料，现行的设备、材料价格并结合工程的实际情况进行投资估算。投资估算是对建设工程预期总造价所进行的优化、计算、核定及相应文件的编制，所预计和核定的工程造价称为估算造价。投资估算是进行建设项目经济评价的基础，是判断项目可行性和进行项目决策的重要依据，并可以作为以后建设阶段工程造价的控制目标限额。

（二）设计概算

设计概算是指在初步设计阶段，设计单位根据初步设计的总体布置、建设内容、各单项工程的主要结构的设计图纸和设计工程量清单，按照概算定额或概算指标及建设主管部门颁发的有关取费规定等，进行计算和编制的该建设项目，从开始筹建到交付生产或使用的全过程中，所发生的各项建设费用的总和。设计概算也称为工程建设产品的计划价格。

设计概算较投资估算准确性有所提高，但它受投资估算的控制。设计概算的层次性十分明显，分为建设项目概算总造价、各个单项工程概算综合造价、各单位工程概算造价。

（三）修正概算

修正总概算是指采用三阶段设计的技术设计阶段，根据技术设计的要求，通过编制修正概算文件预先测算和确定工程造价。它对设计概算进行了修正调整，比设计概算准确，但受设计概算控制。

（四）执行概算

执行概算是指设计概算经过批准后所确定的工程造价数额，作为编制固定资产投资计划、签订建设项目承包总合同和贷款总合同的依据，也是施工图预算及项目考核设计经济合理性的依据。执行概算是施工阶段工程造价控制的目标，它受设计概算控制。

（五）施工图预算与施工预算

施工图预算是指建设项目中的局部工程，一般是单位工程，在建设准备和建设实施阶段，由建设单位或委托的工程造价咨询单位，根据建筑安装工程施工图纸计算的工程量、施工组织设计确定的施工方案、现行工程预算定额或基价表等的取费标准、材料预算价格和主管部门规定的其他取费规定等，进行计算和编制的单位工程或单项工程建设费用的经济文件。业主或其委托单位编制的施工图预算，可作为工程建设招标的标底。

对于施工承包方来说，为了投标也必须编制施工预算，但参与投标竞争的施工企业，由于施工方案存在差异，技术水平、企业工料机消耗的基础定额、工料机单价、所处地理位置等均有所不同，故所编制的施工预算结果可能不同，投标报价会有差异。

施工图预算较上述概算造价更为详尽和准确，但同样受概算造价控制。

（六）标底与报价

标底是指由招标单位自行编制或委托具有编制标底资格和能力的中介机构代理编制，并按照规定报经审定的招标工程的预期价格。标底能够使招标单位预先明确自己在拟建工程上应承担的财务义务，给上级主管部门提供核实建设规模的依据，是衡量投标单位标价的准绳和评标的重要尺度。

对于实行招投标的工程，投标人在投标报价前应对工程造价进行计价和分析，计价时根据招标文件的内容要求、自己企业采用的消耗定额及费用成本和有关资源要素价格等资料，确定工程造价，然后根据拟定的投标策略报出自己的投标报价。投标报价是投标书的一个重要组成部分，它也是工程造价的一种表现形式，是投标人根据自己的消耗水平和市场因素综合考虑后确定的工程造价。

（七）承包合同价

承包合同价是指在招标、投标工作中，经组织开标、评标、定标后，根据中标价格由招标单位和承包单位，在工程承包合同中按有关规定或协议条款约定的各种取费标准计算的用于支付给承包方按照合同要求完成工程内容的价款总额。

按照合同类型和计价方法，承包合同价有总价合同、单价合同、成本加酬金合同、交钥匙总包合同等不同类型。在承包合同中，有关工程价款方面的内容、条款构成的合同价是工程造价的另一种表现形式。

（八）工程结算和竣工决算

工程结算是指一个单位工程或单项工程完工后，经组织验收合格，由施工单位根据承包合同条款和计价的规定，结合工程施工中设计变更等引起工程建设费增加或减少的具体情况，编制并经建设或委托的监理单位签认的，用于表达该项工程最终实际造价为主要内容，作为结算工程价款依据的经济文件。竣工决算是指建设项目全部竣工验收合格后编制的实际造价的经济文件。

竣工决算可以反映建设交付使用的固定资产及流动资产的详细情况，可以作为财产交接、考核交付使用的财产成本以及使用部门建立财产明细表和登记新增资产价值的依据。通过竣工决算所显示的完成一个建设项目所实际花费的总费用，是对该建设项目进行清产核资和后评估的依据。

投资估算、概算、合同价和决算等，都是以价值形态贯穿在整个建设项目过程中，整个计价过程是一个由粗到细、由浅到深、由模糊到清晰，最后确定工程实际造价的过程。估算确定项目计划投资额，概算确定项目建设投资限额，合同价是承发包工程的交易价格，结算反映承包工程的实际造价，最后以决算形成固定资产价值。在工程造价全过程的管理中，用投资估算价控制设计方案和设计概算造价，用设计概算造价控制技术设计和修正概算，用执行概算控制施工图设计和施工图预算，用施工图预算或承包合同价控制结算价，最后使竣工决算造价不超过投资限额。工程建设中各种表现形式的造价构成了一个有机整体，前者控制着后者，后者补充着前者，共同达到控制工程造价的目的。在这种情况下，实行技术与经济相结合，研究和建立工程造价的"全过程一体化"管理，改变"铁路警察各管一段"的状况，对建设项目投资或成本控制十分必要。

二、工程造价的构成

建设项目总投资由固定资产投资和流动资产投资所组成。我国现行的工程造价由建筑安装工程费用、设备及工器具购置费用、工程建设其他费用、预备费和建设期贷款利息等构成。按照原国家计委审定（计办投资 [2002]15 号）发行的《投资项目可行性研究指南》规定，建筑安装工程费、设备及工器具购置费、工程建设其他费用、基本预备费构成工程建设造价的静态费用。涨价预备费和建设期贷款利息构成工程建设造价的动态费用。

（一）建筑安装工程费用

建筑安装工程是创造建筑安装工程产品价值的生产活动。建筑安装工程费是工程造价中最活跃的部分。电力工程项目中建筑安装工程费用占项目静态投资的 30% 左右。建筑安装工程费或建筑安装工程产品价格是建筑安装工程价值的货币表现，由建筑工程造价和安装工程造价两部分组成。

我国现行的建筑安装工程造价由直接费、间接费、利润及税金组成。直接费包括直接工程费（人工费、材料费和施工机械使用费）、措施费；间接费包括规费、企业管理费；税金包括营业税、城乡建设维护税和教育费附加等。

（二）设备及工器具购置费

设备及工器具购置费由设备购置费和工器具、生产家具购置费组成。它是固定资产投资中的积极部分。在生产性工程建设中，设备、工器具购置费用占工程造价比重的增大，意味着生产技术的进步和资本有机构成的提高。电力工程项目中设备及工器具购置费用占项目静态投资的 50% 左右。

设备购置费是指为工程建设项目购置或自制的达到固定资产标准的设备、工具、器具的费用。设备购置费包括设备原价和设备运杂费。

工器具及生产家具购置费是指新建或扩建项目初步设计规定的，保证初期正常生产必须购置的没有达到固定资产标准的设备、仪器、工卡模具、器具、生产家具和备品备件等的购置费用。一般以设备费为计算基数，按照部门或行业规定的工具、器具及生产家具的定额费率计算。

（三）工程建设其他费用

工程建设其他费用是指从工程筹建起到工程竣工验收交付生产或使用为止的整个建设期间，除建筑安装工程费用和设备及工器具购置费用以外的，为保证工程建设顺利完成和交付使用后能够正常发挥效益或效能而发生的各项费用。

电力工程项目中工程建设其他费用占项目静态投资的 15% 左右。

工程建设其他费用按其内容大体可分为三类，第一类指土地使用费；第二类指与工程建设有关的其他费用；第三类指与未来企业生产经营有关的其他费用。土地使用费包括土地征用及迁移补偿费、土地使用权出让金。工程建设相关其他费用包括建设单位管理费、勘察设计费、研究试验费、建设单位临时设施费、工程项目管理或监理费、工程保险费、供电贴费、引进技术和进口设备其他费用、工程承包等。生产经营相关其他费用包括联合试运转费、生产准备费、办公和生产家具购置费、经营项目铺底流动资金等。

（四）预备费、建设期贷款利息

按照我国现行规定，预备费包括基本预备费和涨价预备费，其中涨价预备费也称为价差预备费。

基本预备费是指在设计概算内难以预料的工程费用，其费用内容包括：在批准的初步范围内，技术设计、施工图设计及施工过程中所增加的工程费用；涉及变更、局部地基处理等增加的费用；一般自然灾害造成的损失和预防自然灾害所采取的措施费用（实行工程保险的工程项目费用应适当降低）；竣工验收时为鉴定工程质量对隐蔽工程进行必要的挖掘和修复费用。

基本预备费是按照设备及工器具购置费、建筑安装工程费和工程建设其他费用三者之和为计取基数，乘以基本预备费率。基本预备费率的取值应执行国家及部门的有关规定。目前电力基本建设发电项目的项目建议书、可行性研究报告阶段，基本预备费费率为 8%，初步设计阶段的基本预备费费率为 4.5%，施工图预算费率为 3%。

涨价预备费是指建设项目在建设期间，由于价格等变化引起工程造价变化的预测预留费用，其费用内容包括：人工、设备、材料、施工机械的价差费，建筑安装工程费及工程建设其他费用调整，利率、汇率调整等增加的费用。涨价预备费的测算方法，一般根据国家规定的投资综合价格指数，按估算年份价格水平的投资额为基数，根据价格变动趋势，预测价格上涨率，采用复利方法计算。

在建设期支付的贷款利息，构成建设项目造价的一部分。

第三节　工程造价管理组织结构设计

高效的组织机构是全面造价管理指导思想实践的前提条件，也是电力基本建设工程造价管理成功的组织保证。

一、组织结构设计原则

对电力建设项目公司的组织结构设计除了需要遵循通常所提出的"高效、精简、分工明确、指挥统一、有效幅度、沟通顺畅"等原则外，还需要遵循下述几个特殊原则。

（一）符合建设行业法规性原则

组织机构设置必须符合建设工程项目管理的相关法律、法规的要求，如我国在建设行业推行项目法人责任制、项目资本金制、招投标制、工程监理制、合同管理制等，建立项目公司组织管理架构和职能设计必须符合并适应这些行业法规的要求。

（二）适应项目管理模式的原则

不同项目管理模式中业主所管理、监督、协调的对象不同，所具有的权利、承担的责任也不同，组织架构中每个层级所发挥的功能也不同，需要设置的部门和岗位在数量和类型上都存在一定的差异。

下文中的组织结构设计以"小业主、大监理、大咨询"的项目管理模式为基础。由于该模式下业主（项目公司）主要起到服务、协调、督促、管理、决策的作用，项目公司（或称项目法人）无需组织一个庞大的机关，调入很多的人员，只需形成一个精悍的管理组织，项目中大多的专业工作委托给社会上有资质、有经验的咨询单位完成，因此在岗位设置和人员定编时更多考虑审核、监控、招投标管理功能。

"小业主、大监理、大咨询"模式通过竞优选择以合同关系将甲（小业主）乙（多个咨询单位、监理单位）双方凝聚为责任和利益的共同体，使"小业主"的有效管理范围进一步延伸，将管理范围从原来单纯的施工组织协调扩大到整个工程建设周期的各个环节和阶段，因此在岗位设置时应强化合同管理岗的职能，宜单独设立。

（三）体现五大项目控制目标的原则

根据项目管理"五控制、二管理（合同管理、信息管理）、一协调（有关单位的协调）"的任务要求，基建工程项目公司必须实现五大控制目标质量、进度、造价、安全、人员，因此，在建立组织机构时，就必须围绕这五个方面的要求设置相应的部门或职能岗位，并达到职责清晰、任务明确，目标保障有力。

下文组织结构设计中基建工程部对技术、质量控制负责；基建计划部对造价控制全面负责，以合同管理为纲，利用技经管理和统计分析的手段对进度、投资和资金进行控制，保障造价管理目标的实现；安全监察部对安全控制负责。

（四）动态性原则

电力基本建设项目往往分为多个阶段，不同阶段项目公司履行的职责不同、控制重心不同、发挥的功能不同，因此项目公司的组织结构也应根据实际需要进行相应地动态调整。

通常在项目决策和设计阶段由于管理相对简单，因此组织机构设置比较简单；在项目施工阶段，管理协调的对象和要素增多，组织机构必须适应这种变化，进行调整，有些原来合并的职能应分离出来，独立成立部门，渐渐增加的一些职能应增设相关部门。这阶段组织结构相对比较复杂，组织层级更为丰富。项目竣工投产使用后，项目公司角色定位发生改变，成为发电管理的公司，需要将建设期的相关部门逐步撤销或作职能合并，成立主要适应生产经营管理的运营管理部门。

二、部门职责分配

"小业主、大监理、大咨询"的原则下各个部门根据各自职责分工，既相互制约又共同协调一致，共同完成基建工程施工任务。

（一）总经理工作部

（1）协助公司领导或授权协调公司各部门之间工作关系，处理与上级和有关单位工作联系活动。

（2）负责公司综合制度的拟定及公司工作计划、总结、报告、其他重要综合性材料的起草工作。

（3）负责公司人力资源管理（人事、劳资、培训）、行政（档案、文秘、文件、保卫、司机）、后勤、宣传、法律事务、外事、MIS 系统运行管理、责任目标考核、信访及纪律监察等管理工作。

（4）负责公司股东会、董事会、监事会等会议的会务工作。

（5）保证组织管理体系的审核，组织审计工作，负责管理体系文件的管理。

（二）财务部

（1）负责工程建设期间的会计核算、资金管理及成本控制。

（2）负责办理各种贷款手续、银行结算业务和税收申报上交工作。

（3）采用多种融资方式，确保工程建设所需资金及时到位。

（4）参与编制资金计划，对外支付工程款、设备款、咨询费，控制工程贷款利息。

（5）负责公司职工工资、津贴、奖金发放和差旅费报销工作。

（6）负责设备、材料和其他费用按时稽核入账，编制日常各种财务报表和竣工决算表。

（7）审查复核会计凭证，进行会计监督，维护财经纪律。

（三）基建计划部

（1）负责工程前期费用的计划安排、可行性研究报告和等前期管理工作。

（2）负责监理招标和工程招标组织工作。

（3）负责工程建设的造价控制管理，归口审核工程的结算、决算。

（4）编制投资计划和资金计划，进行统计分析，反映工程实际费用开支状况。

（5）组织管理、协调、监督和实施工程进度计划管理工作，定期组织编制和报送工程项目年度、季度计划。

（6）负责按基建工程部审定的工作量核定工程款，并按时上报领导审批。

（7）汇总各项建筑安装工程合同，并监控合同执行和变更工作，组织和协调标外工程的发包管理。

（8）参与设备、材料采购的商务合同谈判，参与设计变更的费用审核。

（9）负责工程保险及各种索赔工作。

（10）负责工程征地、租地及拆迁安置赔偿和土地管理工作，牵头负责对地方政府、部门的对外联系协调。

（11）负责组织每季一次的基建工程投资活动经济分析会议，研究概算执行过程中存在的问题，提出解决办法。

（12）负责每月组织召开结算工作会议，审查承包商工程进度月报和相关报告。

（四）基建工程部

（1）负责审核各施工标段承包商上报的工程进度计划和图纸需用计划。

（2）跟踪、监督、协调设计、设备、材料、施工、安装、调试等三级进度计划，提供或协调与工程建设相关的计划编制工作。

（3）协调组织施工单位人力、机械和现场工序，协调施工图纸满足各标段连续施工需要，保证工程顺利进行。

（4）督促、审核各标段承包单位月度、季度施工进度完成情况，并负责工程量的审核。

（5）实施方案设计活动，负责设计接口管理，参与技术决策，提出技术规范，负责设计文件的审查和管理，组织施工图会审和交底工作。

（6）管理与工程有关的技术文件及工程技术问题的处理，负责设计方案的优化工作，提出、审查设计变更与变更设计工作。

（7）负责设计、采购及工程合同中有关技术部分条款的起草、谈判，并负责合同执行过程中技术方面的工作。

（8）负责编制和发布工程统计报告和其他相关报告。

（9）发现工程施工过程中存在的质量问题，并会同监理一起解决。

（10）组织对隐蔽工程、分部单位工程的验收工作，组织竣工验收工作。

（11）负责设备采购技术合同的谈判工作，参与设备的到厂验收工作；参与工程施工招标和有关的合同、设备管理。

（12）负责监督监理合同的执行，确保监理公司严格按监理招标文件和监理合同履行质量、进度监控职责。

（五）物资供应部

（1）负责审核施工单位上报的设备需求计划和主要物资需求计划，编制设备供应计划和甲供物资供应计划并执行。

（2）负责在项目招标委员会领导下负责组织物资设备的招标工作；负责物资采购合同商务谈判与签订工作。

（3）监督管理物资合同履行工作，材料按合同规定期限交货。

（4）每月提供设备采购合同执行情况、主机设备和主要辅机设备生产制造情况，及时发现设备采购合同执行过程中的问题。

（5）负责采购设备、甲供材料催交和验收工作，及时协调处理设备缺陷，做好设备、甲供材料不合格品的管理工作。

（6）负责设备、甲供材料的仓储管理。

（7）负责与工程施工单位现场物资交接验收等工作。

（8）负责招标采购物资的相关文件资料、合同等的收集归档工作。

（六）生产管理部

（1）负责委托运行和维修及技术监督等合同的起草、洽谈、签订等工作。

（2）负责机组试运及生产发电用燃料的计划采购、运输、接卸、质检等管理工作。

（3）负责试运行及生产期间用水、汽、电、油、氢等的协调解决及售电合同制定与执行。

（4）协调试运行及生产期间与电网的关系。

（5）负责投产后备品、配件、材料的计划、储备等管理工作。

（七）安全监察部

（1）监督监察施工现场的作业环境、安全设施、施工机械、消防设施等文明施工的情况，及时发现工程施工过程中存在的安全隐患，并会同监理一起解决。

（2）负责不安全情况的统计、分析、上报。

（3）组织召开工程安全会议。

（八）发电部

（1）负责试运行期间安全、规范操作。

（2）负责生产准备期间设备缺陷的检查和协调处理。

（3）监督、化验、控制、调整试运行期间水、汽、油、氢等的化学品质。

（4）做好生产准备期间人员上岗选聘和培训等管理工作。

三、基建计划部岗位职责分配

作为基建工程项目造价管理的主控部门，其部门内部岗位设置和确定岗位编制非常重要，是造价管理职能得以充分实施的保障基础，也是对各个岗位进行考核和激励的基础。

（一）基建计划部组织结构

基建计划部岗位设置说明如下：

（1）共计 7 岗 8 人，除技经管理员岗定编 2 人外，其他岗位均定编 1 人。

（2）基建计划部经理在全面负责部门工作的同时，主控统计分析和计划管理两个岗位的工作，形成 AB 岗；基建计划部副经理在协助部门经理工作的同时，主控技经管理和合同管理两个岗位的工作，形成 AB 岗。

（二）基建计划部岗位职责分配

1.部门经理岗位职责

（1）负责组织管理、协调和实施计划、统计分析管理工作。

（2）建立健全基建计划部管理的规章制度并监督运行。

（3）督促、协调、控制计划、合同、统计等各种台账的管理。

（4）审核基建计划部对公司以及国家有关部门的报送计划、统计分析、合同等文件资料。

（5）组织召开各类计划协调工作会议、季度经济分析会议等。

（6）参与物资采购合同的招投标和会签。

（7）负责部门人员的业务指导和团队管理。

2. 部门副经理岗位职责

（1）协助部门经理对技经、合同管理工作进行组织、管理、协调。

（2）督促、协调、控制技经和合同执行台账的管理。

（3）处理基建工程合同纠纷。

（4）参加各类计划协调工作会议、季度经济分析会议。

3. 计划主管岗位职责

（1）定期组织编制和报送工程项目年度、季度进度计划。

（2）定期编制和报送工程项目的年度、季度投资计划和资金计划。

（3）编制周、月度用款计划。

（4）建立健全各类计划台账。

（5）收集准备进度计划实施相关材料，组织各类计划协调工作会议。

（6）组织公司各部门对计划的执行情况进行了解、检查和监督，并督促相关单位采取措施完成进度计划。

（7）负责对公司各部门和监理单位、施工承包商的计划人员进行业务管理和业务指导。

4. 统计分析主管岗位职责

（1）定期组织编制和报送各种统计报表。

（2）建立健全投资完成情况统计台账以及主要实物量台账。

（3）撰写统计经济分析工作会议的相关文件初稿。

（4）参与与集团公司、国家有关部门等单位的统计接洽工作和对外统计资料的报送。

（5）负责对公司各部门、监理单位和施工承包商的统计人员进行业务管理和业务指导。

5. 合同管理主管岗位职责

（1）起草基建工程合同。

（2）负责招投标的事务性活动。

（3）建立基建工程合同履行台账，监督基建工程合同的执行。

（4）审核工程进度比例、价款，按月填写"项目公司施工进度款支付审批单"。

（5）处理基建工程合同纠纷。

（6）整理、归档合同文本及相关资料。

6. 技经管理岗位职责

（1）对价款变更资料和计价依据进行审核，确定建筑安装工程价款，并填写价款变更结算审批单。

（2）审核甲供材料的结算。

（3）建立健全标外技经工程（标外工程委托洽商、标内工程价款变更、甲供材料结算）台账。

第四节 项目管理团队的建设

一、团队精神的培养形成

项目管理总是围绕"造价、质量、进度、安全"去实施其管理，实际工作中这四个任务的协调一致常常十分艰巨，这四个目标完美实现背后的重要支撑就是人的因素，项目管理的成败与好坏最终取决于项目团队的人员素质。一个真正的团队应该有一个共同的目标，其成员行为之间相互依存相互影响，并且能很好地合作，以追求集体的成功。项目团队是一个使命清晰、战略确定的组织，因而更需要先进文化的引领。

（一）团队精神培养

团队精神是团队成员为了团队的利益与目标而相互协作、尽心尽力的意愿与作风。团队精神主要包含以下几方面的内容：在团队与其成员之间的关系方面，团队精神表现为团队成员对团队的强烈归属感；在团队成员之间的关系上，团队精神表现为成员间的相互协作及共为一体；在团队成员对团队事务的态度上，团队精神表现为团队成员对团队事务的尽心尽力及全方位的投入。团队的特征具体表现如下：

（1）团队可以创造独特的机会，他们能化腐朽为神奇。

（2）团队成员彼此支援，就像一家人。

（3）团队成员整合个别的行动，形成集体。

（4）团队成员激发向心力，产生凝聚力。

（5）团队成员创造归属感，相互信任与依赖。

（6）团队成员确认训练与发展需求。

（7）团队成员提供彼此学习的机会。

（8）团队成员加强沟通，产生创意。

（9）团队成员提供令人满意且具挑战性的工作环境。

（二）领导团队的培养

领导是团队文化的统领者、倡导者。有时候组织文化就是领导文化，所以领导的管理风格、行为和理念对项目团队的组织文化有巨大的作用。项目公司的临时性特点要求项目管理者有高超的领导和协调技巧。因而，一个合格的管理者应具备以下要求：合作精神，愿意与他人共事，对下级不用压服而用说服和感服；决策才能，能根据客观情况做出决策，具有高瞻远瞩的能力；组织能力，善于发掘下级才智，善于组织人力、物力和财力；恰当地授权，能把握方向，抓住大事，而把小事分散给下级去处理；善于应变，能随机应变，不墨守成规；勇于负责，对国家、下属、消费者乃至整个社会，都负有高度的责任心；敢于创新，对新事物、新环境、新技术、新观念有敏锐的感受力；敢于承担风险，有雄心，能创造新局面；尊重他人，能听取别人的意见，不狂妄自大，能器重下级；品德超人，品德为社会和企业内的人士所敬仰。

（三）组织文化

组织文化是一个企业的底蕴和精神支柱，是企业的灵魂，是企业的行为中提炼出来的精华。优秀企业文化的形成、企业的发展壮大和经济效益的提高是相互作用的，它能促进企业提高经济效益，增强企业实力，而企业的发展壮大能促使员工产生自豪感和向心力，从而约束自己的言行，自觉遵守企业的各项规章制度，维护企业形象。

1. 企业文化有助于形成良好的企业氛围

随着项目管理组织的不断学习成长，强调建立现代化的管理制度也就成为了项目管理的重要事情之一。但是不可否认的是，越来越多的制度规章有时候并不能够从本质上解决一些根本的人性问题，存在着盲区，而且由此所带来的"成本"也异常高昂。

2. 企业文化将有助于消除内耗，为企业创造价值

内耗是企业中的痼疾，很多的企业都逃躲不了内耗的折磨，而且由企业内耗而引发的后果也是异常惊人。"内耗"的根本发源土壤，是来源于人们价值观念的冲突。不同的文化、习俗、习惯和信仰产生矛盾和冲突。企业文化将会有助于建立一个统一的员工价值思考的平台，通过这个平台思考，员工的行为将有可能变得一致。以前分散冲突的价值理念与行为，在经过企业文化的熔炉之后，变得和谐与坚固。另外员工不团结，没有互相帮助、互相鼓励的精神，成功也就变得不可能。消除了"内耗"的企业，也就节省了由于内部矛盾造成的企业资源与时间的消耗，从另一角度来看，这就是在为企业创造价值。

3.企业文化有助于企业内部员工朝着一个共同的目标去努力，并且在很长的时间里不断地以此激励自己

企业所面临的战略环境并不是静态的，而是不断变化的。企业文化会使人们更努力地履行他们相信的价值，因此更容易增加个人的能动性，减少对细节的控制。企业文化也会使组织的士气高昂，使员工不是因为利益捆绑在一起，而是因为一个光明的、大家笃信不疑的目标在努力，从而共同面对困境。

二、执行合同与和谐文化

在电力建设项目中，项目公司对企业文化培育的重视将非常有价值，为工程造价管理提供一种良好的工作氛围，是非常有必要的。由于电力建设项目管理的特殊性，项目公司对各参与单位进行有效的管理，是以合同签订和执行为基础的，并且需要各单位齐心协力，才能把电力建设项目造价管理工作做好。因此，对于项目公司来说，结合国内经济环境、电力建设市场情况和自身的实际，以执行合同与和谐文化为核心，构建和培育企业文化，实现新建电厂科学发展、节约发展、和谐发展的目标。

（一）以执行合同为纲，培育执行力文化

项目公司在协调与施工承包商、设计单位、监理单位、设备供应商等各方关系时，均是以签订的合同为基础。电力建设的全过程，就是执行合同的过程。因此，项目公司首先要在内部形成执行合同的意识，一切以合同为纲，围绕合同的履行开展各项工作。项目公司要建立合同管理的规章制度和流程，建立相应的合同管理组织，与合同有关的各部门要设立专职或兼职的合同管理岗。对外部参与单位，在相互信任的基础上，强化合同管理，形成维护合同、执行合同的氛围。此外，项目公司的各级领导者，要以身作则，自觉维护合同的权威，在决策过程中以合同为准绳，不随意更改合同或废弃合同条款，形成执行型领导和培育执行型团队，提升企业的项目管理水平。

（二）以人为本，培育和谐文化

建立和谐企业，是电力建设项目公司的一项基本任务，是确保和谐社会电力稳定的基本措施。

和谐企业最大的特征是人的和谐。员工是企业最宝贵的财富，也是生产要素中最活跃的因素。如何启动员工的兴奋点、开发员工的创造性、发挥员工的积极作用是构建和谐企业的关键环节。制度管理强制人达到最低标准，文化管理引导人达到最高标准，给员工以希望，给工作以意义，使组织有前途。从这个角度上说，文化管理能使企业管理达到和谐境界。企业传播人文

思想，包含着爱岗敬业、恪尽职守、无私奉献、崇尚人性、实现自我等多方面的文化精髓，与企业的实际情况相结合，能够在企业内部形成良好的精神氛围，以维护员工利益为基础，以发展推动和谐，以创新推动和谐，以公正求得和谐，以稳定保证和谐。

项目公司要以人为本，推行文化管理，树立企业与员工的共同愿景，把企业与员工凝结成为命运共同体，建立起顺畅的沟通渠道，培养战无不胜的团队精神，努力把和谐基因孕育到员工潜能开发的各个积极因素中去，实现企业和员工的共同成长。

（三）以造价管理为主线，培育节约文化

建设资源节约型、环境友好型社会，是国家对电力企业提出的要求。作为电力基本建设项目，应该在过程中对工程造价进行有效管理，树立节约意识，形成节约习惯，培育节约文化。这不仅仅是国家和社会对发电企业的要求，也是企业自身适应未来竞争的需要。随着电力供需形势的变化，电力市场化改革的加快，电力发展和电力市场的竞争将更加激烈。因此，各发电集团将会展开全面竞争，其中在电力基建过程中的竞争，最终将落在工程造价管理水平上。

项目公司在构建企业文化时，作为节约文化的表现形式，应以工程造价管理作为主线，从各个方面对工程造价进行管理，最终形成节约文化。

三、对参建单位的管理

在"小业主、大监理、大咨询"管理模式中，业主与监理、施工和设计咨询单位共同组成了造价管理的责任主体，通过分工合作、相互检查、相互约束、相互监督来促进对造价的管理。其中业主是所有关系中的核心，主要承担决策和总协调的功能。因此，业主对设计咨询单位、监理单位和施工单位的管理就成了保障造价总目标的重要因素。

（一）对监理单位的管理

作为"小业主、大监理、大咨询"管理模式中的大监理，受业主委托，在建设工程项目各个阶段都要承担相应的职责，协助业主完成各阶段的造价管理目标。监理单位在造价管理方面除了对进度、质量的管理间接影响造价外，直接影响造价的主要工作有：一是严格控制工程变更设计，尽可能减少新增费用；二是时刻预防施工索赔费用，避免和减少施工索赔量，并对发生的索赔尽快处理，协助业主进行反索赔；三是做好工程量核实计量工作，审核施工工程结算书等。为了促使监理单位圆满完成分配的造价管理工作任务，业主对于监理单位的管理主要体现在以下几个方面：

1. 对监理单位进行招标选择

在工程建设中，监理单位要承担较多的造价管理职责，如何选择合适的监理单位是实现造价管理目标的重要环节。业主要按照工程项目的要求，通过招投标的方式，利用竞争机制，择优选择监理单位。对建立人员的配备要求，尤其是总监理工程师人选应是重点把关的内容。没有优秀的领导，就难以圆满完成管理任务。

2. 利用合同约束，明确双方的责权利关系

业主在选定监理单位后，应按照工程各个阶段分配给监理单位的工作任务和造价管理目标，进行详细深入地分析，明确责权利关系，并签订详细的监理服务合同。在各个阶段按照合同对监理单位进行管理和考核，确保监理单位严格履行职责，完成监理任务。对监理的使用应本着信任、依靠的原则，千万注意避免既想重用又不信任，既安排任务又不授权的矛盾做法。

3. 与监理单位建立高效的沟通管道

在电力工程建设项目中，由于建设周期较长、工程复杂性等特点，业主与监理单位需要进行大量的沟通，建立高效的沟通管道就显得非常有必要。业主在与监理单位签订服务合同后，双方就可以建立正式和非正式的沟通机制，定期沟通信息，处理工程进展相关事项，确保工程项目建设顺利进行。沟通要做到时间要保证，内容要明确，要求要具体，人格要平等，态度要诚恳，这样才会有效。

4. 运用考核与激励调动监理单位的积极性

业主根据监理服务合同，在工程建设各个阶段对监理单位进行相应的考核，并根据考核结果对监理单位的相关人员进行激励。通过激励措施，调动监理单位的积极性，确保监理人员优质、高效地完成监理任务，促进工程造价管理目标的实现。监理人员一般都是异地工作的"单身汉"，生活多有不便。因此，对监理人员的激励应多关心他们的生活，使他们精力充沛、心情舒畅地投入工作。

在"小业主、大监理、大咨询"管理模式中，设计咨询单位作为大咨询的一方，在工程建设各个阶段承担着设计与咨询的重要任务，对工程造价有着直接的影响作用。在投资决策和设计阶段，设计单位承担项目建议书、可行性研究、初步设计、技术设计和施工图设计的重任，这些都是构成工程造价管理的主要活动。业主必须对设计单位进行有效的管理，才能确保造价的经济合理。但是，业主往往自身对涉及规范、设计的合理性等了解不多，难以对工作"品头论足"，这就需要有一个业主顾问来助一臂之力。业主对设计

单位的管理主要有以下几个方面：

（1）对设计咨询单位进行招标选择。实行设计招投标，通过公开招标，选择实力强、信誉好的设计单位完成设计工作，并签订设计合同。

（2）与设计咨询单位签订详细的设计服务合同，明确双方的责权利关系。合同中应对设计任务、范围、质量、深度等有详细、准确、具体的要求。工程实践表明，在施工图设计阶段，设计监理应在图纸实施前紧跟设计过程、及时审查图纸是很有必要的。在初步设计阶段设计监理的介入工作则更有意义。项目竣工后业主可根据工程实施情况对设计单位给予评价，其评价可作为设计单位晋升资质、业绩积累的依据。

（3）重视设计的经济分析工作。重视设计经济工作。对设计单位，要使设计与概算形成有机的整体，克服互相脱节的状态，设计人员必须加强经济观念。在整个设计过程中，业主要求设计单位在设计或设计变更时，要考虑工程费用，把技术经济统一起来，切实做好造价控制工作。

同时，解决设计变更和签证管理的混乱状况，必须保证勘测设计质量和时间，建立严格的设计变更、签证审批和奖罚制度。

（二）对施工单位的管理

在"小业主、大监理、大咨询"管理模式中，施工单位作为施工合同实施的一方，在工程建设实施阶段承担着主要的建设任务，这一阶段将花费工程总造价的 80% 以上。业主必须对施工单位进行有效的管理，才能确保造价的及时准确。业主对施工单位的管理主要有以下几个方面：

1. 公开招标选择施工单位

实行工程招投标办法选择施工单位。通过公开招标，做到真正客观公正，择优选取最佳施工单位完成施工工作。

2. 与施工单位签订严密的合同

与施工单位签订严密的合同，明确双方的责权利关系。尽量采用一次包死合同，少留或不留缺口。合同中应对任务、范围、质量、进度等有详细、准确、具体的要求。对变更设计、设计变更、调整造价范围和办法、索赔内容、工程结算方式等考虑周密，事先作出约定。

3. 建立工程监理机制

委托监理工程师对施工单位的质量、进度、造价进行跟踪控制。

4. 对施工单位进行考核与激励

业主可根据工程实施情况在进度、质量超出目标时，对施工单位的优越表现给予评价和物质奖励。鼓励施工单位进行技术创新。

第五节 工程造价管理组织运行方式

组织结构设计仅仅明确了项目公司整体管理架构和部门职能分配，为了使各个部门相互协调和配合，形成整体优势，还必须建立相应的组织运行规则，从而使分散的信息得到整合，使有限的人力资源充分发挥作用，为工程造价管理提供充分而有效的信息和人力资源支持；同时增强阶段性事务的控制力度，有效清除进度障碍，保障工程目标按计划实现。

一、例会规则

（一）例会规则制定意义

会议是项目管理中交流信息的主要手段之一。通过会议项目公司、参加项目建设的各方都可以及时地反映、沟通情况，提出问题，研究讨论，协调安排，解决处理，使工程建设得到顺利推进。

（二）协调会

协调会根据具体情况至少每周召开一次。协调会通常由主管基建副总经理主持，项目公司的相关部门人员、承包单位、有关的设计、施工单位参加，主要检查关键节点进度计划的完成情况，并进行分析，处理各个承包商之间的接口，协调解决工程中出现的质量、进度、资金、安全等各种问题。

（三）专题会

专题会不定期召开，主要以项目公司内部相关部门和公司有关领导参加，主要解决重大问题和技术性较强、设计单位较多、在协调会难以解决的专业重点问题，如重大技术方案变更、重大技术问题的决策、重大不符合项的处理等。专题会要突出"专"的特色，除会议主题要突出外，邀请有关方面专家参会必不可少。

（四）月度分析会

基建工程部组织每月召开工程质量分析会，分析上月工程质量情况和趋势，对现场质量情况进行客观的总结，预测在本月施工中应关注的工程质量重点、难点及可能出现的问题，提前发出预警，并制订可行的方案。

安全监察部组织每月召开安全文明施工分析会，分析上月安全文明施工情况和趋势，对现场安全文明施工进行总结讲评，结合工程阶段性特点、气候变化情况、劳动力变化情况、大型机械使用情况等，预测在本月施工中可能出现的问题，提前发出预警，并制订可行的方案。

（五）季度经济分析会

基建计划部每季度组织召开经济分析会，会议由分管领导主持，基建工程部、物资供应部、财务部、总经理工作部、生产管理部负责人和公司部分领导参加。各个部门分析的重点问题，最后提出工程造价管理中存在的问题，进行分析，并提出建议或解决的办法以及下阶段工作的预测。经济分析会宜采用比较方法，对照既定目标、计划、外部可比项目进行对比，既要注意克服识近不虑远的现象，也要注意防止只见树木不见森林的问题。

二、催交小组规则

（一）催交小组成因

不同基建工程项目时期有特殊的阶段性、一次性事项，需要高度重视和临时团队负责。

通常由于建设周期长，项目进展容易受到各种现实中无法预计的因素的约束，如资源受限（设计图纸没有及时交付，某些设备、材料没有按时到位，某项设备制造进度延迟、送电受限等）会使工程进展失控，从而直接影响工程造价。事实上，设备供应、图纸供应是影响工程进度，进而影响工程造价的两大问题，要解决这类问题仅仅依靠合同的约束是远远不够的。因此，就产生了一些用非合同手段解决合同事项的组织，如催交小组。

（二）催交小组

第一，成立以基建工程部为首的设计图纸交付催交小组，及时掌握设计图纸进度信息，保证工程进展顺利。

第二，成立以物资供应部为首的设备材料供应催交小组，加大对设备、材料的催交催运工作，保证设备材料满足工程进展需要。

在现实当中，催交小组的工作既是必要的，也是有限的。由于工作难度太大，许多建设项目都是主要领导、高层领导亲自出面催交，也有一些集团将相关项目捆在一起联合催交。

三、AB 岗工作规则

（一）实行 AB 岗工作规则的目的

为有效降低人工成本，同时确保项目公司在规定的流程时限内办结审批、审签事务，保障基本建设工程进度不受影响，项目公司内部实行 AB 岗工作规则。

（二）AB 岗工作规则的定义

在合理设置工作岗位、完善工作职责的基础上，在相近岗位之间，实行顶岗或互为备岗的制度。即两个相近岗位互为 AB 岗，当 A 岗责任人因故不在岗时，B 岗责任人自动顶岗，及时办理根据工作性质可以即时办理的紧急事务。

（三）AB 岗工作规则的实施要求

（1）A 岗责任人因休假、学习、公出开会等原因离岗时，必须提前向 B 岗责任人做好工作交代。因特殊原因不能及时交代的，B 岗责任人应主动顶岗。

（2）B 岗责任人在顶岗期间，同时做好本岗和 A 岗主要工作，并兼有 A 岗的职责权利，对执行 A 岗工作结果负有相应责任。

（3）两岗应互相传授备岗业务知识、操作规程和技能。

因 AB 岗责任人推诿、扯皮、拖拉等原因造成工作失误或不良影响的，追究责任人责任。

四、专业经理制

（一）实行专业经理制的必要性

每一个基建项目的项目公司、监理单位、施工单位、设计单位等参建单位都配有各类专业工程师，他们尽管分布在不同的单位，但是同一专业的工程师都有共同的专业目标和责任。因此，通过一个柔性组织把同一类专业工程师组合到一起，不仅有利于解决项目公司技术力量不足和各方单兵作战力量薄弱的问题，而且可以及时地解决日常问题和集中研究解决大的问题，使工作效率大幅提高。

（二）专业工作组

专业工作组是专业经理制的形式依托。一般应选择项目公司的专业工程师分别担任本专业的专业经理，吸纳各参建单位同一专业的专业工程师，包括项目公司物资部、计划部等相关专业人员进入专业工作小组，明确专业目标、工作职责、工作方式、工作内容、激励措施等，向专业经理充分授权，积极支持工作，从而使专业组的工作有好的效率。

第六节 现代项目管理技术与方法的运用

一、信息化管理

（一）信息化实施的意义

电力工程项目建设具有资金密集、技术密集、资源密集、专业众多、交叉施工等特点，同时还要受工程设计、设备制造、设备和材料的采购运输及其他许多工程外部因素的影响，工程项目建设管理的内容千头万绪，管理过程中许多因素互相制约，相互关联。现在新的工程项目投资、建设管理模式和过去旧的工程项目投资、建设管理模式相比，投资方和业主无论是对工程建设的工期要求、工程的质量要求，还是对工程的造价控制等方面，都提出了更高的甚至是比较苛刻的要求。以火电工程为例，现在国内普遍开工的火力发电机组，大多数为单机额定发电容量是 30 万千瓦和 60 万千瓦的发电机组，业主要求的这两种机型的工程建设工期，与它的定额工期相比，分别平均提前了大约 5 个月和 8 个月。大多数业主对工程质量的合格率、优良率，争创国家优质奖、金质奖、银质奖等也都有明确的要求。工程造价一经审定批准后不得突破，以后也不再进行调整，按合同条款支付与结算工程费用等，都对工程项目的建设和管理提出了更高的要求。

如何动态地反映这种变化对整个工程进度的影响，并及时作出相应的调整，使整个工程项目的建设和施工始终在可知可控在控、优质高效、安全文明的情况下完成，是每个工程建设管理者所追求的。

（二）项目信息化管理提升工程造价管理的水平

1. 项目信息化管理的准确性

电厂的基建期是一个很特殊的时期，施工周期长，涉及的单位和人员多，在这段时期内，项目资金投入大，事务异常繁多，项目管理者、施工单位和项目监理之间有着千丝万缕的关系，这些情况导致了这个时期内会产生大量的信息，比如基建工程的预算信息、资金流动信息、合同签订和执行信息、工程进度信息、材料信息、设备信息、工程质量信息、工程图纸信息、人事管理信息等，这些信息是重要的、复杂的、千头万绪的，信息管理系统将各种信息整合、处理和加工，将基建工程繁多的信息集中化、透明化，给基建工程的决策者提供必要的、丰富的决策信息。只有利用基于现代计算机技术和网络技术的工程项目管理软件，才能胜任现在工程项目建设的管理工作。

2. 项目信息化管理的及时性

当前的许多建设企业施工项目覆盖范围广、分支机构众多，同时又要实时掌握各项目进度情况，并对其进行控制、管理。这必然要求各关联方有便捷的沟通渠道，要求各方之间数据通信畅通。传统的、简单的、粗放的、定性的工程建设管理方法很难胜任"小业主、大监理、大咨询"的管理模式和工程建设复杂性的特点。实施管理信息化的工程，以互联互通的网络平台，将各个子项目管理与管理中心连接，合理地计划、组织、协调、控制和管理好工程项目建设中方方面面的工作。动态地反映整个工程进度变化、工程费用变化，并及时作出相应的调整，使整个工程项目的工程造价始终在可知可控的情况下完成。

（三）项目信息化管理实施的前提

从现阶段来看，成功实施电力建设项目信息化管理有以下几个前提。

（1）树立竞争意识，树立精品意识。电力建设企业要真正树立市场忧患意识、竞争意识和精品意识，利用实施项目信息化管理解决建设工程中管理调度、资源计划、降低生产成本、取得最佳企业效益、提高企业竞争力的问题。

（2）领导重视，全员参与。信息化管理是一项巨大的系统工程，要投入较大的人力、物力和资金，并涉及企业各部门的配合，需要领导人树立正确的信息化理念，下定决心、统一领导、协调组织、全员参与。

（3）科学管理，规范管理，标准管理。长期以来，电力企业都以安全和生产为重点，而对工程项目科学管理的重视不够，业务流程及管理模式尚未确定，火电建设项目规模大、涉及机构多、业务及管理模式复杂，加上电力体制改革正在进行，许多业务流程及管理模式尚未确定。成功实施火电建设项目信息化管理是建立在科学管理、规范管理、标准管理的基础上。进行项目的信息化管理，要加大在项目管理信息化建设的资金投入、技术储备和管理重视程度。

（4）系统设计，统一规划，分步实施。随着先进的项目管理手段的引入，对信息及时、快速传递的要求更为迫切，如何从同步处理的系统中快速获取各业务部门的信息和数据，如何从获取数据中快速提炼反映项目进展状况的信息，如何有效地对各项目参与部门进行管理，如何提高各项业务决策的及时性和正确性，如何使高层管理者能够随时掌控工程项目的进展状况，这些都对项目管理系统的设计提出了更高要求。

（四）电力建设项目信息化实施

1. 管理信息系统（MIS）的建立

电力建设管理信息系统（MIS）是以电力工程项目管理的有关法规为依据，采用先进的计算机网络技术、数据库技术，建立起一个信息集成、资源共享、功能强大的工程项目管理的工作平台，涵盖电力建设工程项目管理的主要工作任务，完成对合同、概算、物资、工程等业务的全面信息化管理。电力工程建设利用 MIS 系统，可以实现动态掌握工程投资的完成情况，准确提出资金需求计划，控制工程造价。

电力工程建设过程中面临十分复杂的管理工作，投资方、设计院、施工单位、监理单位及各种设备材料供应商、调试单位以及有关地方行政管理部门，在工程建设过程中有密切的联系。电力建设管理信息系统在体现这些关系的基础上，直接面向代表投资方进行建设管理的业主、参加建设工作的施工监理、设计监理及施工单位的管理人员。他们通过系统协同完成其业务工作，参与工程项目管理，实现工程项目建设信息统一、规范化管理，为项目建设过程中的进度、造价、质量、安全管理提供决策依据，实现基建信息向生产信息的平稳过渡，为生产经营服务打好基础。

建设管理信息系统的功能划分必须适合电厂基建管理的实际需要，并结合基建期生产准备的要求建立相适应的系统。系统应按照业务内在关系而不是按部门进行划分，即本着"依业务、分流程，综合功能、角色、环境"的原则，以保证系统的稳定性。整个系统将结合面向对象系统设计方法和以数据为中心的系统设计方法进行系统分析与设计，整个系统覆盖了电厂基建期所有必需的业务处理过程和完备的信息化管理手段，并保证全面的数据共享特性，同时考虑电厂基建管理信息化系统开发可能遇到的各种问题以及电厂基建期管理业务处理流程的特性，提供适度的动态业务流程设置和报表可自定义等功能。

2. P3 工程项目管理软件的应用

工程建设进度的管理方法尽管很多，但 P3 工程项目管理软件对于大型建设项目的管理应用则是"一枝独秀"，它不管在工程前期工作的管理过程中，还是在建设阶段的管理过程中，P3 的计划和进度控制分析功能都十分突出。

工程项目的管理贯穿于整个工程项目的生命周期内，从工程项目的可行性研究、规划设计、工程建设到竣工移交每个阶段都需要对进度、资源、费用进行管理，尤其在规划设计与工程建设阶段，管理工作显得尤为重要，工程项目管理好坏将直接影响工程建设周期与投资效益。使用 P3 软件可将工程的组织过程和项目实施步骤进行全面的规划、编排，以便在工程项目实施初期对多种方案进行深入的研究与比较，更科学地进行目标进度安排。在项目的实施工程中对工程进展情况进行分析对比，根据实际情况给出未来的计划安排。

目标管理是 P3 软件的核心内容之一，项目的参与者首先要重视进度计划，树立起进度计划的严肃性，使参与方都有一份统一进度的指导性文件，并为实现该文件所载明的各种时间要求做出努力。在工程进展过程中，P3 软件会一目了然地告诉哪些工作超前了，哪些工作落后，为什么落后，是谁的责任，哪些工作应该何时开工或完工，哪些工作实际何时开工或完工，到目前为止本来应该完成多少工程量或投资，实际完成了多少工程量或投资等方面工程的进展情况。P3 管理软件是以进度管理为核心，与资源、费用管理相结合形成的目标管理体系。因此，进度、资源、费用构成其三大基本要素。

二、质量管理体系认证

在电力建设工程中，设计、采购、施工、调试的质量是安全、可靠发电的基本前提，也是工程项目管理的重要目标之一。项目质量管理水平的高低，不仅影响工程质量，而且对项目造价会产生较大影响。在电力建设造价管理的全过程中，加强 ISO 9000 质量管理体系认证，做好质量管理工作，是控制工程造价的重要内容。因此，进行质量管理体系认证是对电力建设工程项目的所有参与单位的要求，确保所有参与单位运用同样的质量管理体系标准。

（一）贯彻 ISO 9000 质量管理标准的意义

1. 有利于提高工程项目质量，保护业主利益

按 ISO 9000 族标准建立质量管理体系，通过体系的有效应用，促进施工承包商等持续地改进工程建设过程，实现工程质量的稳定和提高，保护业主的利益。

2. 为提高组织的运作能力提供了有效的方法

ISO 9000 族标准鼓励组织在制订、实施质量管理体系时采用过程方法，通过识别和管理众多相互关联的活动，以及对这些活动进行系统的管理和有效的监视和控制，提供业主能够接受的工程产品。此外，标准为组织提供了持续改进的框架，增加业主和其他相关方满意的机会。

3. 有利于工程建设参与方共同参与并保证工程质量，消除技术壁垒

在工程众多的参与单位相互合作中，ISO 9000 族标准可以作为相互认可

的技术基础，为工程施工合作提供了通用的语言和准则，贯彻 ISO 9000 族标准对消除技术壁垒，排除合同障碍起到十分积极的作用。

（二）建立健全质量保证大纲和质量保证程序

为了实行质量保证的综合管理，项目公司应按照电力建设质量法规的要求，制订和实施质量保证总大纲，包括质量保证大纲概述及一整套质量保证程序。同时要求所有参加建设的单位，按总大纲类似的方式制订质量保证分大纲。分大纲是总大纲的一部分，它应能实现所划分的标段工作的预定目的。项目公司在制订和实施质量保证总大纲时，可以委托其他单位制订和实施整个大纲或其中的一部分，但仍须对总大纲的有效性负责。

在大纲程序中，必须对参与单位（包括项目公司）之间各接口上协调工作的责任者、方法和技术做出规定，并规定各单位间的联络渠道及联络方式。

（三）建立专职的质保机构和配备合格人员

项目公司必须在开始工作前，按照法规要求建立质量保证机构，明确规定其权限和职责范围以及内外联络渠道，并确保能够有效地运作。质保机构要配备足够的、合格的专业人员。项目公司在各标段开工之前，应对各标段的质量保证体系进行检查，保证体系健全，组织完善。

（四）实行有效的质量监督与控制

项目公司的质保监督与控制是全方位的，如对各承包商的资格审评、质量保证分大纲的审评、质量验证、质保监督检查等，其中最主要的有三个方面：质量验证、质保监督检查和管理部门审查。项目公司的质量保证机构要定期实施检查，由监理单位配合进行，对存在质量问题的，按照程序要求进行处理，必须在项目建设的全过程确保工程质量符合规定的要求。

三、挣值分析

（一）挣值分析原理

1. 使用挣值的优点

现代工程管理的任务已经不再仅限于计划和进度报表的生成，工程管理人员在质量、成本、工期满足必须要求的前提下，时刻面对着一系列无法预料的难题，项目管理的主要控制要素是质量、进度和成本。项目管理的目标是在保证质量的情况下，寻找进度和成本的最优解决方案。

造价、进度控制是工程项目管理的主要目标，造价与进度之间的联系也非常紧密。一般来说，累计成本支出是与项目进度成正比的，在项目进行过程中的某一时间点，仅仅监控计划成本支出与实际成本消耗无法判断投资是否超支或有节余，因为成本消耗量大的原因可能是进度超前，也可能是因为成本超出概算，反之亦然。因此有必要引入一个比较参数——挣值（Earned Value）也称赢得值、盈余值、获得值、净赚值、赚取值、实践值或挣得值，通过三个基本参数而不是一个基本参数来表示项目的状态。这种控制方法就是挣值管理方法。

2. 挣值管理的一些特点和应用条件

（1）挣值分析法用三个基本值而不是一个基本值来表示项目的状态，并以此来预测项目的可能完成时间和完成时的可能费用。

（2）用货币量代替工程量来测量工程的进度。

（3）挣值管理的基础是建立费用基准计划（即确定计划值）和项目的工作分解结构（WBS）。

（4）挣值管理的核心是要比较准确地估算出工作完成的百分比。

3. 挣值管理的三个基本统计数

（1）BCWS：计划工作概算费用。计划工作概算费用 BCWS（Budgeted Cost of Work Scheduled）是某一时点应当完成的工作所需投入资金或花费费用的累计值，即根据批准认可的进度计划和概算到某一时点应当完成的工作所需投入的资金，它等于计划工程量与概算单价的乘积之和。该值是衡量工程进度和工程费用的一个标尺或基准。

（2）BCWP：完成工作概算费用。完成工作概算费用 BCWP（Budgeted Cost of Work Performed）是根据批准认可的概算，某一时点已经完成的工作所需投入资金的累计值。它等于已完成工程量与概算单价的乘积之和。业主根据这个值对承包商完成的工作量进行支付，也就是承包商挣得的金额，故也常称为挣值（Earned Value）。它反映了满足质量标准的工程实际进度和工作绩效，体现了从投资到工程成果的转化。

（3）ACWP：完成工作实际费用。完成工作实际费用 ACWP（Actual Cost of Work Performed）是某一时点已完成的工作所实际花费费用的总金额。它等于已完成工程量与实际支付单价（合同价）的乘积之和。

（二）挣值分析操作的基本流程

1. BCWS 的建立

BCWS 曲线是执行效果测量基准曲线，是进行项目费用—进度综合控制的基础，它是根据综合进度和概算建立起来的。其核算依据为施工进度计划、项目的工作分解结构（WBS）和施工图概算。步骤如下：

（1）收集有关资料（如施工进度计划、费用概算等）。

（2）确定项目施工进度计划中各项工程（按照单位工程、分部工程甚至扩大单位工程进行划分）的概算费用。

（3）将各项工程的概算费用在时间上进行分配（一般以月为单位），形成项目的费用进度计划。

（4）将概算费用的分配值用直方图表示，即可形成项目的资源（费用）负荷曲线。

（5）把资源负荷分配值逐月累加并绘制成曲线，即成为项目的执行效果测量基准（BCWS）曲线。执行效果测量基准曲线 BCWS 可从项目工作分解结构（WBS）的底层开始建立，然后按照 WBS 逐级向上选加，即可建立这个项目的 BCWS 曲线。

2. BCWP 的测定

（1）制订赢得值统计表，统计出根据项目划分的各项工程（分部工程、单位工程甚至扩大单位工程）的工程量及其概算费用。

（2）填写赢得值统计表中各项工程（或里程碑）完成情况，根据各工程施工实际完成情况，填写赢得值统计表，各项工程（或里程碑）的工作完成后应通过质量控制部门（或相关部门）的认可，方可申报进度。

（3）计算各项工程（或里程碑）的赢得值。

（4）全层次赢得值统计，从各项工程开始逐层向上进行统计，就可得出整个项目的赢得值。以上步骤指的是求取某个检测时间点上的赢得值。依据以上步骤重复进行可求得多个检测时间点上的赢得值，然后可画出 BCWP 曲线。

3. ACWP 的测定

实际费用主要包括人工费、材料费、机械费，可建立相应的台账。在具体计算时，可统计项目管理人员提供的数据，经计算、汇总即可得出已完成工作量的实际费用。步骤如下：

（1）根据概算费用和进度计划数据，汇总计算各级别层次工作的 BCWS，并形成 BCWS 曲线。

（2）根据每个工程的完工比率计算出任意层次工作的 BCWP，并形成 BCWP 曲线。

（3）根据建设过程中实际耗费的各种费用，计算 ACWP 的值，并形成 ACWP 曲线。

4. 挣值分析图

将 BCWS 曲线、BCWP 曲线和 ACWP 曲线放在同一张图中，即成挣值分析图，通过观察图中各曲线的关系即可分析出进度—费用的关系。

（三）偏差分析与趋势预测

1. 偏差的概念

项目投资偏差是指实际的投资支出与概算的差异，以及对项目投资支出的最新预测与投资控制目标值的差异。通过分析这种偏差，一方面，可以发现实际的投资支出额与概算的投资支出之间存在的差距。另一方面，可以预测未来投资支出的趋势，并进一步提出改进和预防措施，为有效地进行投资控制奠定基础。

2. 偏差分析参数计算

根据上述三条曲线值的关系分别计算：

（1）计算进度偏差 SV:SV=BCWP−BCWS。

（2）计算费用偏差 CV:CV=BCWP−ACWP。

（3）计算费用绩效指数 CPI:CPI=EV/AC=BCWP/ACWP。

（4）计算进度绩效指数 SPI:SPI=EV/PV=BCWP/BCWS。

3. 费用分析

（1）当 CPI>1 时，表示实际费用低于概算费用。

（2）当 CPI=1 时，表示实际费用与概算费用相等。

（3）当 CPI<1 时，表示实际费用超出概算费用。

4. 进度分析

（1）当 SPI>1 时，表示实际进度超前。

（2）当 SPI=1 时，表示实际进度与计划相符。

（3）当 SPI<1 时，表示实际进度落后。

5. 完工估算 EAC= 总概算（总概算）/CPI

（四）挣值分析示例

挣值分析的具体操作可用计算机软件帮助计算和绘图。常用的软件有P3、project、Excel 等。

第三章 电力工程造价管理

第一节 电力工程造价管理理论综述

一、电力工程造价的构成

电力工程定额是电力建筑安装企业实行科学管理的必备条件。无论是设计、计划、分配、估价、结算等各项工作，都必须以它作为衡量工作的尺度。

企业在计算和平衡资源需要量、组织材料供应、编制施工进度计划和作业计划、组织劳动力、签发任务书、考核工料消耗、实行承包责任制等一系列管理工作时，都要以定额作为标准。因此，定额是加强企业管理，提高企业经济效益的工具。合理制定并认真执行定额，对改善企业经营管理，提高经济效益具有重要的意义。

（一）电力工程定额

电力工程定额主要由电力施工定额、电力工程预算定额和电力工程概算定额三部分组成。

电力施工定额，是规定建筑安装工人或班组，在正常施工条件下，完成单位合格建筑安装产品所消耗的人工、材料和机械台板的数量标准。它是由国家、电力相关部门或企业在有技术根据的基础上制定的，它规定了国家对电力建筑安装企业管理水平和经营成果的要求，也规定了国家和企业对工人生产成果的要求。

电力施工定额，包括劳动消耗定额、材料消耗定额和机械台板使用定额三个部分。由于它们之间存在着内在的密切联系，所以，在使用时应相互制约和密切配合。但从三种定额的性质和用途看，它们又可以根据不同的需要，单独发挥作用。

电力工程预算定额是规定消耗在工程单位（或工程基本构造要素，子项工程）上的劳动力，机械（台班）和材料的数量标准。其内容既包括人工、材料和机械台板的消耗量（实物量），又包括相应的人工费、材料费、机械台板费和预算价（价值量）。确定预算定额实物和价值两方面的数量标准必须以工程单位（或子项工程）为前提，只有对具体的明确的子项工程才能确定其数量标准，即定额。

电力工程概算定额是以电力工程预算定额或电力工程单位估价表为基础，根据通用设计和标准图等资料，经过适当综合扩大，所编制的一定计量单位的工程建设扩大结构构件、分部工程或扩大分项工程、每座小型独立构筑物所需人工、材料、施工机械台板及费用消耗的数量标准。由于电力工程概算定额综合了若干电力工程预算定额子目，因此使电力工程概算工程量的计算和概算书的编制都比编制电力工程施工图预算简化了很多。

（二）电力工程建设费用

电力工程建设费用，亦称电力工程造价，一般是指进行某项电力工程建设花费的全部费用，即该电力工程有计划进行固定资产再生产和形成最低量流动基金的一次性费用总和。

它主要由设备工器具购置费用、建筑安装工程费用、工程建设其他费用组成。

设备工器具购置费投资是指按照电力工程设计文件要求，建设单位（或其委托单位）购置或自制达到固定资产标准的设备和新扩建项目配置的首套工器具及生产家具所需的投资。它由设备工器具原价和包括设备成套公司服务费在内的运杂费组成。在生产性建设项目中，设备工器具投资可称为"积极投资"，它占项目投资费用比重的提高，标志着技术的进步和生产部门有机构成的提高。建筑安装工程投资是指建设单位用于建筑安装工程方面投资，包括用于建筑物的建造及有关准备、清理等工程的投资，用于需要安装设备的安置、装配工程的投资，是以货币表现的建筑安装工程的价值，其特点是必须通过兴工动料、追加活动才能实现。

工程建设其他投资是指未纳入以上两项的由项目投资者支付的为保证工程建设顺利完成和交付使用后能够正常发挥效用而发生的各项费用总和。

电力工程费用的具体构成见表3-1。

表 3-1 电力工程建设概预算费用组成

投资构成	费用项目	主要内容		
建筑安装工程费	直接工程费	人工费		
		材料费		
		机械使用费		
		其他直接费	冬雨季施工增加费	
			夜间施工增加费	
			特殊地区施工增加费	
			施工工具使用费	
			特殊工种技术培训费	
			流动施工津贴	
	间接费	施工管理费	办公及差旅费	
			固定资产使用费	
			职工教育经费	
			工具、用具使用费	
		其他间接费	劳动保险基金	
			施工队伍调遣费	
			流动资金贷款利息	
	利润	建安工程应计取的利润		
	税金	营业税、教育附加及城市建设维护税		
投资构成	费用项目	主要内容		
设备购置费	设备原价、设备运杂费			
其他费用	建设场地划拨及清理			
	项目建设管理费			
	项目建设技术服务费			
	生产准备费			
	其他			
	基本预备费			
动态费用	价差预备费			
	建设期贷款利息			

二、电力工程造价管理的特点

电力工程特别是对于大型火力发电站，大型变电站及高电压等级、长距离输送的送电线路工程项目具有投资大、建设周期长、技术工艺复杂、设计难度大的特点。电力建筑安装产品作为商品除了具有一般商品的特征外，它确实又不同于一般商品。如具有建设周期长、程序多、资源消耗量大、影响因素多、计价复杂等，反映在电力工程造价管理上则表现为电力工程的多主体性、阶段性、动态性、系统性等特征。

（一）电力工程造价管理的多道体性

电力工程造价管理的对象或客体是电力工程造价，而电力工程造价管理的主体则不仅仅是项目法人即各大电网公司或发电公司，政府主管部门、行业协会、造价咨询机构、施工单位、设计单位等也都是电力工程造价管理的主体。无论是政府主管部门颁布的法律、法规和条例，还是电力行业协会对工程造价管理实施的技术指导；无论是承发包双方针对电力工程造价实施的行为（如确定和控制电力工程造价），还是中介机构为承发包方提供的技术服务，其行为的对象无论站在什么样的角度都是围绕电力工程造价展开的。因而电力工程造价管理具有明显的多主体性。

（二）电力工程造价管理的阶段性

一个电力建设项目一般要经过可行性研究、工程设计、招标投标、工程施工、竣工验收等阶段，相应的工程造价文件为投资估算、设计概算预算、标底报价、工程结算和竣工决算。每个阶段的工程造价文件都有其特定的用途和作用。电力工程的投资估算是进行可行性研究的重要参数；设计概算预算是设计文件的组成部分和编制标底的依据；标底报价是进行招标投标、确定中标单位的重要依据；工程结算是承发包双方控制造价的重要手段；竣工决算是确定新增固定资产的依据。各个阶段的工程造价文件既相互联系又具有相对的独立性。因而电力工程造价管理具有明显的阶段性，而且每一个阶段要解决的重点问题以及解决的方法也是不同的。

（三）电力工程造价管理的动态性

电力工程造价管理的动态性表现在两个方面：一是电力工程造价管理的内容和重点在项目建设的各个阶段是动态的。例如，在可行性研究阶段电力工程造价管理的主要目标是根据决策内容编制一个可靠的投资估算以保证决策的正确性；在招标投标阶段则是要使标底和报价能够反映市场的变化和技术水平；在施工阶段电力工程造价管理的目标是在满足质量和进度的前提下尽可能地控制电力工程造价以提高投资效益。二是电力工程造价本身的动态性决定的。在电力工程建设中有许多不确定因素，如物价水平、社会因素、自然条件等都具有动态性。因此电力工程造价管理也具有动态性特点。

（四）电力工程造价管理的系貌性

系统是由相互作用和相互依赖的若干组成部分（要素）结合而成的，具有特定功能的有机整体。电力工程造价管理无论是从纵向还是从横向来看都具备系统性的特点。从纵向来看，投资估算、设计概算（预算）、标底（报价）、工程结算和竣工决算组成了工程造价管理的系统。从横向来看，每个阶段的电力工程造价管理都可以组成一个系统。例如，可以按工程造价的构成组成系统，可以按资源消耗的性质组成系统，还可以单项或单位工程组成系统等。而且只有把电力工程造价管理当作一个系统来研究，用系统工程的原理、观点和方法来实施电力工程造价管理，才能从整体上实施有效的管理，真正实现最大的投资效益。

三、电力工程造价管理的四个阶段

电力工程的生产过程是一个周期长，资源消耗数量大的生产消费过程，包括可行性研究在内的过程一般较长，而且要分阶段进行，逐步加深。电力工程造价管理主要分为四个管理阶段，即电力工程造价管理决策阶段、设计阶段、招投标阶段及工程施工阶段。为了适应电力工程建设过程中各方经济关系的建立，适应电力项目管理的要求，适应电力工程造价控制和管理的要求，需要按照这四个阶段多次进行计价。

（一）电力工程造价管理的禁菜阶段

项目投资决策阶段是电力工程造价管理极其重要的阶段。在这个阶段，对电力工程项目建设进行可行性研究，编制工程的投资估算，根据投资估算结果进行经济评价，选择技术上可行，经济上合理的建设方案或者否定不可行的建设方案。电力工程决策阶段造价管理大致分成以下几个部分，建设项目的可行性研究，投资估算，建设项目的评价。

（二）电力工程造价管理的设计阶段

电力工程造价管理的设计阶段主要体现在设计概算及修正概算确定与控制管理。设计概算是指在初步设计阶段，根据设计方案和工程造价各组成要素对拟建项目的工程造价进行预测而编制的文件。一般由设计单位编制，它是初步设计文件的重要组成之一，受投资估算的控制。设计概算的主要作用是控制基本建设投资，设计概算一经批准便成为控制投资的最高限额，一般不允许突破。设计概算是设计方案经济性的反映，任何设计意图都要在概算中反映出来。它的一系列指标体系，如建设项目总造价、单项工程造价、单位工程造价、单位面积或体积造价、单位生产力投资、工程量指标、主要材料消耗指标等都可用来对不同的设计方案进行技术经济比较，以便选取最佳设计方案。设计概算分建设项目总概算、各单项工程概算和单位工程概算。

修正概算是指在技术设计阶段编制的工程造价文件。由于技术设计阶段是对初步设计成果的深化，具体解决建设项重大的技术问题。因此修正的概算的准确性进一步提高。

（三）电力工程造价管理招投标阶段

电力工程造价管理招投标阶段的主要目的是确定合理的承包合同，确定合适的承包商。为此，必须事先确定电力工程所采用的承发包方式，明确该承发包方式所采用的合同的计价方法，合理地编制招标文件、标底及报价，然后采用合适的评标方法在同一基础上评价各家报价，选择合理的承包商，最终确定承包合同价。

电力工程招标是指建设单位就拟建的工程发布通告，以法定方式吸引建设承包单位参加竞争，从中选择条件优越者完成工程建设任务的法律行为。概括来说，电力工程招标就是建设单位利用标价等经济手段择优选定电力工程承包人的过程。招标单位在发表通告时，应首先编制招标书及图纸资料等文件，提出招标要求、合同主要条款、实物工程量清单、投标起止日期和开标日期、地点等，然后对申请投标企业进行资格审查，最后根据投标资料和工程的具体情况，择优选定中标单位。

电力工程投标是指经过审查获得投标资格的建设承包单位按照招标文件的要求，在规定的时间内向招标单位填报投标书并争取中标的法律行为。参加投标的企业，在获得投标资格后，认真研究招标文件，在符合招标要求条件下，对投标项目估算工程成本与造价，编制施工组织设计，提出主要施工方法及保证质量措施，在规定的施工期限内，向招标单位递交投标资料、报价，争取中标。投标单位在中标后，按照合同约定或经招标人同意，可以将中标项目的部分非主体、非关键性工作分包给他人完成。

（四）电力工程造价管理施工阶段

电力工程造价管理施工阶段主要体现在对施工图预算及结算价确定与控制管理方面。电力工程施工图预算是落实或调整年度建设计划的依据。在委托承包时，电力工程施工图预算是签订工程承包合同和办理工程贷款和工程结算的依据。电力工程施工图预算是施工单位编制施工计划、加强施工企业实行经济核算的依据。

编制电力工程施工图预算，首先根据施工图设计文件、定额和价格等资料，以一定的方法编制单位工程的施工图预算；其次汇总所有各单位工程施工图预算，成为单项电力工程施工图预算；最后汇总所有单项工程施工图预算，得到一个建设项目建筑安装电力工程的预算造价。

四、工程造价管理的内容

工程造价管理是以建设项目为内容，为在目标的工程造价计划值以内实现项目而对工程建设活动中的造价所进行的确定、控制和管理。

（一）工程造价的确定

工程造价的确定主要是计算或确定工程建设各个阶段工程造价的费用目标，即工程造价目标值的确定。要合理确定和有效控制工程造价，提高投资效益，就必须在整个建设过程中，由宏观到微观、由粗到细分阶段预先定价，也就是按照建设程序和阶段划分，在影响工程造价的各主要阶段，分阶段事先定价，上阶段控制下阶段，层层控制，这样才能充分、有效地使用有限的人力、物力和财力资源。这也是由工程建设客观规律和建筑安装生产方式特殊性决定的。

（二）工超造价的控制

工程造价控制就是根据动态控制原理，以工程造价规划为目标的计划值，控制实际工程造价，最终实现工程项目的造价目标。

为确保固定资产投资计划的顺利完成，保证建设工程造价不突破预先确定的投资限额，对工程造价必须按建设程序实行层层控制。在电力工程管理四个阶段中，批准的可行性研究报告中的投资估算，是拟建项目的计划控制造价，批准的初步设计总概算是控制工程造价的最高限额，其后各个阶段的工程造价均应控制在上阶段确定的造价限额之内，无特殊情况，不得任意突破。

控制是为确保目标实现而服务的，应有科学的依据。具体来讲，投资估算应是设计方案选择和进行初步设计的建设项目造价控制目标；设计概算应是进行技术设计和施工图设计的工程造价控制目标；设计预算或建安工程承包合同则应是施工阶段控制建安工程造价的目标。有机联系的阶段目标相互制约，相互补充，前者控制后者，后者补充前者，共同组成工程造价控制的目标系统。

第二节　我国电力工程造价管理现状及存在问题

一、我国电力工程造价管理现状

目前，我国电力工程造价管理贯穿于整个电力工程的生产过程中，从工程决策阶段开始一直到工程施工阶段结束为止，因此造价管理是一个多阶段、动态管理过程。

（一）电力工程决策阶段

电力工程决策阶段造价管理主要表现在可行性研究、投资估算的编制、财务经济评价方面上。由于电力工程造价管理自身的多主体性、动态性、系统性的特点决定了决策阶段造价管理本身就是复杂系统工程。

决策阶段影响电力工程造价管理因素较多，既有客观的又有主观的因素，客观因素包括项目合理规模、建设标准、建设地点、生产工艺、设备选用、资金筹措等直接影响电力工程造价。主观因素主要体现决策部门对这些方案的选择上。这些主客观因素直接影响着投资估算的编制，而投资估算编制又决定了可研报告的编写及财务分析的评定，可研报告及财务分析最后决定了工程项目的决策。

财务评价是在国家现行财税制度和价格体系下，计算项目范围内的效益和费用，分析项目的盈利能力、清偿能力，以考察项目在财务上的可行性。在财务评价中，评价价格的选用是项目经济评价的关键，直接影响评价的质量。目前在经济评价报告中，产品销售价格按市场价格计算，不考虑计算期内价格相对变动，这样，若产品销售价格逐年下降，那么就夸大了项目的效益，如果产品的价格是逐年上升的，就缩小了项目的效益。显然，经济评价仅用当时的市场价格来编制是不够的，这就要求评价人员针对不同项目的特点，结合市场分析、竞争力分析、不确定性分析等因素选取多种价格方案并加以分析，以使投资者对项目未来的效益有充分的了解和减少项目投资风险。

通常情况下在项目取舍上实行效益否决制，进行多方案比选，没有经济效益或经济效益差的项目，不安排建设，列入建设计划的项目，必须做可行性研究，可行性研究必须有经济效益评价，没有经济效益评价的可行性研究报告或方案不予评审，达不到经济效益标准的项目不予立项，突出项目前期工作的超前性。

当前，由于前几年积累的电力建设项目缓建导致各地区用电紧张，使得全国各地区普遍开展跃进式电力建设，这些电力工程建设，尤其是电源建设受到全国性缺电影响，很多项目可研做得不细或者没有可研，投资估算更是草率，财务分析走走形式就匆匆立项投资，由于违背电力工程基本建设程序，不可避免地导致电力工程盲目上马，从而引起新一轮电力工程投资热潮，为电力工程投资过剩带来隐患。

（二）电力工程设计阶段

电力工程设计阶段是造价管理一个非常重要的管理阶段，从国内外工程实践及工程造价资料分析表明，设计阶段对工程造价的影响程度为40%~85%。显然，设计阶段是控制工程造价的关键环节。设计方案选定、结构的优化、新材料的采用，先进的设计理念和方法等无一不是影响电力工程造价的重要因素。同时设计决定了工程量的大小，也决定了资源的消耗量，每一个标高、尺寸的确定都直接影响了工程量的大小，这就是人们常说的"图上一条线，投资千千万"。设计的质量、设计的深度也决定了电力工程造价的可靠程度。往往由于设计质量不高、设计深度不够，造成大量的设计变更，使电力工程造价失控。

设计阶段既是控制电力工程造价最有效的阶段，也是最难以控制的阶段。首先，设计是一项创造性的劳动，建筑物既是物质产品，也是精神产品，其设计质量受到设计者主观因素的影响，如设计者的技术水平、知识结构、经验、爱好习惯、风格等都对设计质量产生一定的影响。其次，设计质量的好坏很难用一个尺度去度量。尽管如此，设计成果的优劣还是要有一个客观的标准，即是否满足了功能要求，是否有效地控制了工程造价。长期以来，尤其是在计划经济条件下，只负技术责任、不负经济责任的现象，使电力工程造价一而再、再而三的突破，造成投资效益低下。随着市场经济体制的逐步建立，投资效益成为主要关注的对象，设计阶段越来越受到重视，如在设计阶段引入竞争的机制，采用电力工程限额设计。通过竞争来选择设计队伍，通过限额设计控制电力工程造价。在电力工程项目建设过程中采用限额设计是电力工程建设领域控制投资支出，有效使用建设资金的有力措施。所谓限额设计就是按照批准的投资估算控制初步设计，按照批准的初步设计总概算控制施工图设计，同时各专业在保证达到使用功能的前提下，按分配的投资限额控制设计，严格控制技术设计和施工图设计的不合理变更，保证总投资限额不被突破。

限额设计并不是一味考虑节约投资，也绝不是简单地将投资砍一刀，而是包含了尊重科学，尊重实际，实事求是，精心设计和保证设计科学性的实际内容。投资分解和工程量控制是实行限额设计的有效途径和主要方法。限额设计是将上阶段设计审定的投资额和工工程量先行分解到各专业，然后再分解到各单位工程和分部工程。限额设计的目标体现了设计标准、规模、原则的合理确定及有关概预算基础资料的合理取定，通过层层分解，实现了对投资限额的控制与管理，也就同时实现了对设计规模、设计标准、工程数量与概预算指标等各个方面的控制。

（三）招、投标

招、投标是一种市场行为，它是招标人通过招标活动来选择招标项目的最佳承担者和投标人选择项目以获得更丰厚的利润和商务活动。电力工程招标包括项目勘查、设计、施工、监理以及与工程建设有关的重要设备、材料等的招标。本书所指招投标阶段是指施工阶段的招投标。

电力工程招标是指招标单位将确定的施工任务发包，鼓励施工企业投标竞争，从中选出技术能力强、管理水平高、信誉可靠且报价合理的承包单位，并以签订合同的方式约束双方在施工工程中行为的经济活动，电力工程招标行为必须遵守《中华人民共和国招标投标法》，通过招标、投标、中标、签订合同来完成交易活动。

电力工程招、投标最大的特点是遵守《中华人民共和国招标投标法》，引入市场竞争机制，实行公开、公平、公正的原则，让各个投标单位站在同一标准下，通过各自的投标报价、工程的施工方案以及企业的综合实力获得工程的施工权利。因此，招、投标阶段造价管理特点就是竞争，招标单位在众多的投标单位中选择具有价格优势、企业综合实力强的队伍中标。

但是，由于电力工程本身专业性质较强，电力工程的施工企业均为电力行业内部施工企业，因此在电力工程招投标阶段存在行业垄断，地区封锁，缺乏公平竞争的机制，使得工程招标流于形式，令人遗憾地在招、投标过程中出现明招暗定、条子工程、领导工程等不公平竞争现象。

竞争机制的缺失使得企业对投标报价分析处理、资料的收集重视程度大幅降低。事实上，工程造价资料的搜集、分析与处理对投标报价有举足轻重的作用，因为大多数工程在招标阶段还无法提供详细的工程量清单，投标单位只能根据工程的建设规模、建设地点、结构特征，借用以往类似工程的造价资料进行投标报价。为此，如何保证工程造价资料的真实性、合理性就显得格外重要，工程造价资料虽不具有法定性，但要真正实现它的使用价值，就必须讲质量。资料积累工作不仅仅是原始资料的搜集，还必须经过加工、整理。为保证资料的真实性，资料的搜集就不能仅停留在设计概算和施工图预算上，还必须立足于企业以往工程的投标价、合同价、企业内部经济考核指标、竣工决算等资料；为保证其合理性，就必须将竣工决算价与投标价、合同价、企业内部经济考核指标、预算价进行分析对比，去粗取精，去伪存真，使造价资料能真实反映企业的施工能力和管理水平，最终形成具有竞争力的企业内部定额和单价。

（四）施工阶段

施工阶段是电力工程实体实施阶段，也是工程建设中花钱最多阶段。施工阶段的特点是可控周期长，控制面广、费用支付划分点多，造价是动态控制。在这个阶段，建设单位与施工单位围绕着合同开展工程建设工作，在合同范围内明确工程设计变更和工程索赔界限和内容。

由于电力工程施工条件复杂，影响因素较多，工程变更难以避免。工程变更既有建设单位原因造成，如建设单位要求对设计的修改、工程的缩短等；也有监理和设计单位造成的工程变更，如监理对施工顺序提出改变、设计对设计图纸的改变等；也有承包单位造成的工程变更；还有自然因素造成的工程变更。一般情况下，工程变更都会带来合同价的调整，而合同价的调整又是双方利益的焦点。合理处理好工程变更可以减少不必要的纠纷、保证合同的顺利实施，也是有利于保护承包双方的利益。

另外受到水文气象、地质条件的变化影响，以及规划设计变更和人为因素干扰，在电力工程项目的工期、造价管理方面都存在变化因素，超出合同规定的事项时有发生；同时，业主和承包商对工程技术要求和有关合同文件的解释也不可能始终一致。因此，不可避免地会发生工程索赔和造价纠纷。电力工程索赔是指在电力工程建设过程中，对于并非自己的过错而遭受实际损失，根据合同应该由对方承担责任而提出的补偿要求。由于电力工程建设的复杂性，索赔事件的发生是难以避免的，因此索赔是合同执行中重要的内容之一。

电力工程索赔必须以合同为依据。索赔是合同赋予双方的权力，索赔能否成立，既不以事件发生的真实性为依据，也不以是否遭受实际损失为依据。索赔事件必须是在合同实施过程中确实存在的，索赔事件必须具有关联性，即索赔事件的发生确实是他人的行为或其他影响因素造成的，因果关系明确。索赔的处理必须及时。一方面，索赔处理的时间限制在合同中有明确规定，超过规定的时间，索赔就不能成立；另一方面，索赔事件发生后如果不及时处理，随着时间的推移，会降低处理索赔的合理性，尤其是持续时间较短的索赔事件，一旦时过境迁很难准确处理。同时要加强索赔的前瞻性，尽量避免索赔事件的发生。对于索赔，无论是发包人、承包人还是工程师都不希望发生，因为索赔的处理会牵涉到各方的利益，论证、谈判工作量大，需要付出较多的时间和精力。加强索赔的前瞻性，尽量避免索赔事件的发生，对于各方都是有利的，当然避免不是回避，一旦索赔事件发生了，还是应该认真对待。

另外一点，虽然合同制定较为详细，但是由于工程项目的先天不足，例如由于某种原因工期要求比较短，而施工条件又不具备，施工手续未办完、施工图纸不全，导致施工单位无法执行施工合同；同时，电力工程建设单位与施工单位通常均为电力系统内部企业，可能是上下级关系或者平级关系单位，所以工程合同的书面意义往往要大于实际意义，常常是工程合同价格已定，但是由于各种原因，最后合同价格成为参考价格。

二、我国电力工程造价管理存在的问题

（一）决策阶般电力工程造价管理存在的问题

由于电力产品的特殊性，要占用大量资源，建设周期长且市场反馈信号相对滞后，都对电力工程规划提出了更高的要求。2004年，全国出现了近20年来最严峻的缺电局面。全国24个省、自治区、直辖市出现缺电局面，在2004年一片"电力紧缺"的呼声中，国务院调整了电力建设"十五"规划，我国电源及电网电力建设出现了爆炸式的增长。但在高增长的背后，一些令人担忧的深层次问题也开始逐渐显露出来。电源电力建设一哄而上会对社会经济产生不良影响。第一，有限的资源得不到合理利用，会在无序竞争中被白白浪费，加剧我国资源短缺局面。第二，许多地方没有进行周密的可行性研究，自行订购发电设备，既违反了国家基本建设程序，又增加了电力工程造价水平。据不完全统计，2021年违反国家建设程序、自行开工建设的电源电力项目规模有2000多万千瓦。第三，电源电力建设盲目布局，不利于电力结构的优化调整。第四，集中开工带来的必然是集中投产，会在几年内形成新的暂时的过剩状况。

电源电力建设如何走出"缺电—上项目—过剩—减少投资—缺电"的怪圈？如何把握好这个度，是决策阶段电力工程造价管理所要解决的主要问题。

（二）设计阶般电力工程造价管理中的不足

目前，在电力工程设计阶段广泛采用限额设计。在积极推行电力工程限额设计的同时，还应清醒地认识到它的不足。电力工程限额设计不足主要表现在以下方面：

（1）电力工程限额设计的本质特征是投资控制的主动性，因而贯彻限额设计，重要的一环是在初步设计和施工图设计前，就对各电力工程项目、各单位工程、各分部工程进行合理的投资分配，以控制设计，体现控制投资的主动性。如果在设计完成后发现概预算超了，再进行设计变更，满足限额设计要求，则会使投资控制处于被动地位，也会降低设计的合理性，因此限额设计的理论及其可操作性有待于进一步发展。

（2）电力工程限额设计由于突出地强调了设计限额的重要性，使价值工程中有两条提高价值的途径在电力工程限额设计中不能得到充分运用：即造价不变，功能提高；造价提高，功能有更大程度提高。尤其后者，在电力工程限额设计中运用受到极大限制，这样也就限制了设计人员在这两方面的创造性，有一些新颖别致的设计往往受设计限额的限制不能得以实现。

（3）电力工程限额设计中的限额包括投资估算、设计概算、设计预算等，均是指电力工程建设项目的一次性投资，而对电力工程项目建成后的维护使用费，项目使用期满后的报废拆除费用则考虑较少，这样就可能出现限额设计效果较好，使项目的全部寿命费用不一定很经济的现象。

（三）招、投标阶段电力工程造价管理存在的问题

电力工程招标投标是在国家法律的保护和监督下法人之间的经济活动，是在双方同意基础上的一种交易行为。招投标的最大特点是竞争，电力工程招投标必须具有公开性、公正性、公平性及竞争性。

但是，由于电力工程的施工企业与电力工程发包企业往往都是电力系统内部企业，因此在工程招投标过程中公平、公正、公开做得还不够，存在一定程度照顾成分，以及领导关系平衡，使得招、投标的竞争性没有充分体现，招投标流于形式、明招暗定、不公平竞争、条子工程、领导工程。例如，某省曾招标一个 220 千伏变电所工程，当时一共有六家电力安装企业来竞标，经过公开报价以后，价格较低、企业施工能力强、综合成绩排在前两名的企业没有拿到该项工程，而是排在第三位置的施工单位由于相关领导的关照最终拿到了该项电力工程。

另外，当前电力工程报价过程中做出详细的报价分析企业很少，而是千方百计利用各种关系收集该工程标底内容以及标底的制定方法，通过对招标方标底的研究和分析做出判断，缺少企业长远发展的眼光，而是采用急功近利的办法。

（四）施工阶般电力工程造价管理存在的问题

电力建设项目施工阶段是项目实体形成的阶段。在这个阶段，工作量大，涉及面广，施工周期长，影响工程造价的因素多。在此阶段，不能严格执行基建程序以及不能认真履行合同等问题经常发生。

项目法人不按基建程序办事。尤其从去年开始，由于全国范围的缺电，导致当前电力工程任务繁重，建设单位为了电力工程早日竣工投产，在未获得相关手续，如项目未审批、征地手续不全、施工图纸未出的情况下就开始工程施工，工程往往是一边施工，一边办手续，一边出设计，结果出现工程

征地、施工过程费用较高。

业主与承包商双方不能认真履行电力建设工程合同。在电力工程承包合同中一般明确约定合同双方的权利和义务，对工程项目造价影响的变动因素进行约定，在合同中事先考虑造价变动因素和变动量，对设计变更和索赔处理都有说明。由于业主与承包商站在不同利益角度，通常对工程的合同条款出现不同解释。施工单位通常为了获得更大的利润，或者为了弥补在工程投标阶段报价降低的损失，通常会采用设计变更以及索赔的方式获得利润。同时有些业主为了降低工程成本，对于应予赔偿的设计变更等项增加费用却不予理赔，从而引起双方未能认真执行电力工程合同。

第三节 我国电力工程造价的影响因素分析

一、决策阶段电力工程造价的影响因素分析

电力工程造价管理决策阶段通过对投资估算的经济分析和判断，选择技术上可行、经济上合理的建设方案或者否定不可行的建设方案。在项目决策阶段影响工程造价的主要有：项目合理规模的决策、建设标准的确定、建设地点的选择、生产工艺的确定、设备的选用、资金筹措等。

（一）项目规模决策

一般而言，电力工程项目规模越大，电力工程造价越高，反之越低。但项目规模的确定并不依赖于工程造价的多少，而是取决于项目的规模效益、市场因素、技术条件、社会经济环境等。

1. 项目的规模效益

项目的决策与项目的经济效益密切相关，而项目的经济效益与项目的规模也有密切的关系。在一定的条件下，项目的规模扩大一倍，而项目的投入并不会扩大一倍，这就意味着，单位产品的成本具有随着生产规模的扩大而下降的趋势，而单位产品的报酬随生产规模的扩大而增加。在经济学中，这一现象被称为规模效益递增。但同时，这一现象也不可能永久地持续下去，即当规模达到一定程度时，又会出现效益递减的现象。因此，项目规模的确定不仅会影响工程造价，更重要的是会影响项目的经济效益，从而也影响项目的决策。对于一些非生产性项目规模的确定，一般按其功能要求和有关指标来确定。

2. 市场因素

市场因素是制约项目规模的重要因素。市场的需求量是确定项目生产规

模的前提。市场因素的影响表现在三方面：

（1）项目的生产规模以市场预测的需求量为限。在进行项目决策时，必须对市场的需求量做充分的调查。

（2）项目产品投放市场后引起的连锁反应。按需求理论，当供给增加时，价格就会降低，这对项目的效益必然产生影响。因此，项目规模的确定也要考虑供给增加所带来的影响。

（3）项目建设的资源消耗对建筑材料市场的影响。项目建设具有消耗资源量大的特点。项目的建设在一定范围内会引起建筑材料市场的波动，从而也会影响工程造价。一般来讲，项目的规模越大这种影响越大。

3. 技术条件

技术条件是项目决策的重要因素之一。技术上的可行性和先进性是项目决策的基础，也是项目经济效益的保证。技术上的先进性不仅能保证项目生产规模的实现，也能使生产成本降低以保障项目的经济效益。但技术水平的提高也应该适度。因为过高的技术水平也会带来获取技术成本的增加和管理难度的提高。盲目地追求过高的技术水平，也可能导致难以充分发挥技术水平，造成项目投资降低，达不到预期的投资效益，即便是工程投资估算再精确也毫无意义。

4. 社会经济环境

必须承认地区发展不平衡的客观规律。一定的经济发展水平和经济环境与项目的规模有一定的关系。在项目规模决策中要考虑的主要环境因素有土地与资源条件、运输与通信条件，产业政策以及区域经济发展规划等。实际上这些因素有时制约着项目规模的确定。

（二）建设标准与工程造价

建设标准是项目投资决策的重要内容之一，也是影响电力工程造价高低的重要因素。

建设标准的主要内容包括：建设规模、占地面积、工艺装备、建筑标准、配套设施等方面的标准和指标。建设标准是编制、评价、审批项目可行性研究的重要依据，是衡量工程造价是否合理及监督检查项目建设的客观尺度。

建设标准能否起到控制电力工程造价、指导建设的作用，关键在于标准水平制订得是否合理。标准定得过高会脱离我国的实际情况和财力、物力的承受能力，加大投资风险，造成投资浪费；标准定得过低，则会妨碍科学技术的进步，降低项目的投资效益，表面上控制了电力工程造价，实际上也会造成投资浪费。因此，建设标准的确定应与当前的经济发展水平相适应。对于不同地区、不同规模的建设项目，其建设标准应根据具体实际合理地确定。一般以中等适用的标准为原则。经济发达地区，项目技术含量较高或有特殊要求的项目，标准可适当提高一些。在建筑方面，应坚持"安全、适用、经济、美观"的建筑方针。

1. 建设地点

建设地点与电力工程造价有密切的联系，如果地点选择不当会大幅增加工程造价。如项目的总体平面布置、"三通一平"等都直接与建设地点的选择有关。不仅如此，还会对建设速度、投产后的经营成本等产生影响。因此，合理地选择建设地点，不仅可以降低电力工程造价，也可以提高项目经济效益。在建设地点选择上，一般从自然条件、社会经济条件、建筑施工条件和城市条件等方面综合考虑。

2. 生产工艺

生产工艺的确定是项目决策的重要内容之一，它关系到项目在技术上的可行性和经济上的合理性。生产工艺的选择一般以先进适用、经济合理为原则。

先进与适用的关系是对立统一的。在确定生产工艺时，既要强调其先进些，又不能脱离其适用性。过分地强调先进性或适用性，都可能导致决策的失败。

经济合理是指所选用的工艺既能在经济上能够承受，又能获得令人满意的经济效果。

在确定生产工艺时，应提出不同的工艺方案，在先进适用的原则下选择经济效益好的工艺。生产工艺的选择对厂区平面布置有较大的影响，可以说，生产工艺大体决定了平面布置，因此在生产工艺的选择过程中应充分考虑建设地点的地形、地貌特征。

3. 设备

设备费是电力工程造价的重要组成部分之一，其对电力工程造价的影响是显而易见的。设备作为项目最积极、最活跃的投资，是项目获得预期效益的基本保证。随着科学技术的不断发展，设备投资占电力工程造价的比重越来越大。设备的选用不仅关系到电力工程造价，更关系到项目的技术先进性和投资效益。设备的选用也应该遵循先进适用、经济合理的原则。先进的设备具有较多的技术含量，它是实现项目目标的技术保证。同时技术含量高的设备附加值也高，即投资大。在注意先进性的同时也要考虑其适用性，考虑其配套设备技术的稳定性等综合因素。既要经济又要能满足项目的要求。

4. 资金筹措

项目资金的筹措是市场经济条件下投资多元化所必须面临的问题。筹资方式、筹资结构、筹资风险、筹资成本是项目中必须认真研究的问题，也是项目投资决策的内容之一。

筹资成本（建设期贷款利息）也是工程造价的组成部分。

筹资的方式包括：股份集资、发行债券、信贷筹资、自然筹资、租赁筹资以及建设项目的 BOT 方式等。筹资结构即资金来源的构成。合理的筹资结构有利于降低项目的经营风险。

筹资风险是指因改变筹资结构而增加的丧失偿债能力的可能和自有资金利润率降低的可能。筹资成本是指企业取得资金成本所付出的代价。筹资成本包括筹资过程中所发生的费用和使用过程中必须支付给出资者的报酬。前者为筹资费，如发行债券时支付的注册费、代办费等，贷款中的手续费、承诺费等。后者称为筹资的使用费，如利息支付、股息等。项目在建设期所要付出的筹资成本均属于工程造价的组成部分。对于大型建设项目，由于建设周期长，其建设期的贷款利息支出对工程造价的影响也是不容忽视的。

二、设计阶段电力工程造价的影响因素分析

（一）建筑标准

建筑标准高则工程造价高，反之则低。建筑标准的确定一般应根据建筑物、构筑物的使用性质、使用功能以及业主的经济实力等因素确定。对于重要的、具有标志性的建筑、建筑标准可适当提高。建筑标准的确定不仅要考虑一次性建设费用，也要考虑维护和运行费用，使之从整体上达到最优。例如中空玻璃窗会增加工程造价，但其隔热性能却有显著提高，从其保温性能来看，可以减少能源的消耗，在寿命期内可能更加经济。

（二）设计者的知识水平

设计者的知识水平对工程造价的影响是客观存在的，好的设计师在于能充分利用现代设计理念，运用科学的设计方法去优化设计成果，从而保证设计质量，降低工程造价。既懂技术又懂经济，善于将技术与经济相结合才能创造出优秀的设计成果。引入竞争机制、选择设计单位是比较好的方式，也是控制工程造价的有效方法。

（三）设计方案

好的设计方案是技术上的可行性和经济上的合理性的完美结合。好的设计方案应该是对平面布置、空间组合、结构选型、材料选择等方面进行充分

的分析和论证。

平面布置。平面布置既要满足功能要求，又要经济合理。例如，在平面布置中，合理加大房屋进深，可以减少外墙周长，减小外墙面积系数以利保温，从而降低工程造价；增加建筑单元组合数，也可以减少墙体数量降低工程造价；在设计中尽量采用规则的平面外形，避免凹凸不平，也有利于技术方案的经济性。在总平面布置中，对于物流的组织，工艺流程的顺序应合理安排，以减少道路长度以及提高生产效率。

1. 空间组合

空间的组合包括层高、层数、室内外高差的确定。适当地降低层高即能缩小建筑物的间距，节约用地，又能降低工程造价。有关资料表明：层高降低 100 米，可降低 1% 左右的工程造价。层数不同，则载荷不同，其对基础的要求也不同，同时也影响用地面积，一般而言，对于砖混结构 5~6 层是比较经济的层数。在工业建筑中，多层厂房比单房经济，但超过 4~5 层工程造价又呈上升趋势。室内外高差的确定对工程造价也有较大的影响，高差过大工程造价提高，高差过小又影响使用以及卫生要求。

2. 结构型式

结构型式不同其力学性能不同，结构型式的选择一是要满足力学要求，同时又必须考虑其经济性。对于大跨度结构，选用钢结构明显优于混凝土结构，对于高层或超高层结构，框剪结构和简体结构比较经济。结构型式的选择不仅与建筑物的特性有关，也与建筑物的地点、环境相关，如对于抗震要求较多的地区，混合结构由于整体性差，不宜采用。木结构不宜用于防火要求较高的建筑等。

3. 建筑材料

建筑材料费用一般占工程造价的 60% 左右，在设计中一般应优先考虑采用当地材料以控制工程造价。当地没有的或不生产的材料在不影响质量安全的前提下应充分考虑其经济性。建筑材料费用不仅所占比重大，而且是建筑物主要荷载之一。采用轻质材料既能减小荷载，又能降低基础工程的造价，同时对垂直、水平运输以及施工都能降低费用。

（四）现场条件

现场条件包括地质、水文、地形、地貌、现场环境等因素。地质、水文气象条件对基础型式的选择、基础的埋深（持力层、冻土线）均会产生影响。地形地貌对于平面布置以及室外标高的确定也会产生影响。现场环境即场地大小、邻近建筑物地上附着物等，这些因素对平面布置、建筑层数、基础型式及埋深等都会产生影响。现场条件是制约设计方案的重要因素之一，它对工程造价会产生重要的影响。

三、招、投标阶段电力工程造价的影响因素分析

在招、投标阶段影响工程等造价的因素，主要包括电力工程市场的供需状况，业主的价值取向，招标目的特点、投标人的策略等。

（一）电力工程市场的供需状况

电力工程市场的供需状况是影物工覆造价的重要因素之一。当电力工程市场繁荣时，承包商在成本中加上较大幅度的利润后，仍有把握中标；而在电力工程市场萧条时，这时的利润幅度较低甚至为零，这是市场经济条件下的必然规律。

据有关资料表明，美国在电力工程市场繁荣期，利润可达20%，而在萧条期，则仅为5%左右。

近年来我国电力工程市场的状况同样也反映了这一规律。

电力工程市场的供需状况对工程造价的影响是客观存在的。影响程度的大小取决于市场竞争的状况。当电力工程市场处于完全竞争时，其对工程造价的影响非常敏感的。市场任何微小的变化均会反映在工程造价的改变上，当市场处于不完全竞争时，其影响程度相对减小。由于市场被分割成信息不对称，市场的不完全和充分。实际上电力工程市场不可能处在完全竞争的状态，其原因在于两点：其一，电力行业并不能自由出入，都有市场准入的问题，电力建设是被分割的市场：其二，业主并不能完全了解市场流行的价格，存在信息的不对称。

（二）业主的价值取向

业主的价值取向反映在招标工程的质量、进度和价格上。当然，质量好、进度快、造价低是每个业主所期望的，但这并不是理性的，也不符合客观实际。任何商品的生产都有其质量的标准，电力产品也不例外。如质量验收规范，对电力工程所要达到的标准进行了详细描述，如果业主以超过国家的质量标准为目标，显然需要承包商投入更大人力、物力、财力和时间，其价格自然会提高。在某些情况下业主可能以最短建筑周期为目标，力图尽快组织生产占领市场。这样，由于承包商施工资源不合理配置导致生产效率低下、成本增加，为保证适当的利润水平而提高投标报价。总之，业主为了获得更高的质量或加快建设进度，必然付出一定的代价。

（三）指标项目的特点

招标项目的特点与工程造价也有密切的关系，这主要表现在：招标项目的技术含量、建设地点、建筑的规模大小等。

招标项目的技术含量是指完成项目所需要的技术支撑。如当项目的建设采用新型结构、新的生产工艺、新的施工方法等的时候，工程造价可能会提高。其原因在于：这些新的结构、新的生产工艺、新的施工方法等对业主来说还不能准确掌握市场的价格信息，即信息的不对称，容易形成垄断价格。此外，新的技术的运用存在一定的风险，需要付出一定的代价。因此承包商在报价时也要考虑风险因素；建设地点的环境既影响投标人的吸引力也影响建设成本。环境对投标人来说需要一定的回报，同时也会增加设备材料的进场、临时设施的费用；建设规模大，各项费用的摊销就会减少。许多费用并不与工程量呈线性变化。大的规模可以带来成本的降低，这时，投标人会根据建设规模大小实行不同的报价策略。即建设规模大适当报低价，反之则会适当报高价。这也是薄利多销的基本原则。

（四）投标人的策略

投标人作为电力工程的生产者，其对电力工程的定价与其投标的策略有密切关系。在报价的过程中除了要考虑自身实力和市场条件外，还要考虑企业的经营策略和竞争程度。

如基于进入市场时往往会报低价，竞争激烈又急于中标时也会报低价。

四、施工阶段电力工程造价的影响因素分析

电力工程建设是一个开放的系统，与外界有许多信息的交流。社会的、经济的、自然的等因素不断地作用于工程建设这个系统。其表现之一在于对电力工程造价的影响。施工阶段影响电力工程造价的因素，可概括为三个方面：社会经济因素、人为因素和自然因素。

（一）社会经济因素

社会经济因素是不可控制的因素，但它对电力工程造价的影响却是直接的，社会经济因素是工程造价动态控制的重要内容。

政府的干预。政府的干预是指宏观的财政税收政策以及利率、汇率的变化和调整等。

在施工阶段，遇到国家财政政策和税收政策的变化将会直接影响工程造价。通常情况下，对于财政税收政策的变化或调整，在签订工程承包合同时，

均不在承包人应承担的风险范围内，即一旦发生政策的变化对工程造价都进行调整。利率的调整将会直接影响建设期内贷款利息的支出，从而影响工程造价。对于承包商而言，也可能影响到流动资金、贷款利息的变化和成本的变动。对于有利用外汇的建设项目，汇率的变化也直接影响工程造价。这类因素往往就是变更合同价调整，系统费用的计算及风险识别与分担计算的直接依据。对于业主和承包商都是十分重要的。比如利率的变化，可能会影响到工程造价的动态控制问题，也会影响到工程款延期支付的利息索赔计算等。

在施工阶段之前，关于物价上涨的影响都进行了预测和估算，比如价差额预备费的计算。而在施工实施阶段则已成为一个现实问题，是合同双方利益的焦点。物价因素对工程造价的影响是非常敏感的，尤其是建设周期长的工程。物价因素对工程的影响主要表现在可调价合同中，一般对物价上涨的影响明确了具体的调整办法。对于固定价合同（无论是固定总价还是固定单价）虽然形式上在施工阶段对物价上涨波动不予调整，即不影响工程造价。但实际上，物价上涨的风险费用已包含在合同价之中，这一点应该是十分明确的。

（二）人为因素

人的认知是有限的，因此，人的行为也会出现偏差。例如在施工阶段，对事件的主观判断失误、错误的指令、不合理的变更、认知的局限性，管理的不当行为等都可能导致工程造价的增加。人为因素对工程造价的影响包括：业主的行为因素，承包商的行为因素，工程师的行为因素和设计方的行为因素。

（三）自然因素

电力工程建设项目施工阶段的一个重要特点就是受自然因素的制约大。自然因素可分为两类，第一类是不可抗力的自然灾害，如洪水、台风、地震、滑坡等，这类因素具有随机性。毫无疑问，在电力工程建设施工阶段若遇到不可抗力的自然灾害，对电力工程造价的影响将是巨大的。这类风险的回避一般采用工程保险转嫁风险。但是，保险费无疑也是工程造价的组成部分，客观上增加了工程造价。第二类是自然条件，如地质、地貌、气象、气温等。不利的地质条件变化和水文条件的变化是施工中常常遇到的问题，其往往导致设计的变更和施工难度的增加，而设计变更和施工方案的改变会引起工程造价的增加。特殊异常的气候条件应加以约定，气温状况也是影响工程造价的因素之一。如高温天气混凝土拌和的出料温控以及低温天气混凝土的保温养护都会增加工程造价。

第四节 我国电力工程造价管理的改进

目前我国面临电力建设任务繁重，"厂网分开、竞价上网"的改革的形势迫切需要我们不断加强管理，提高电力建设水平，努力降低电力工程造价，才能使我国电力工程在激烈的市场竞争中更具竞争力。因此我们可以看到目前电力工程造价管理的关键就是工程造价确定和控制，针对电力工程的四个阶段工程造价的确定和控制是电力工程造价管理关键所在。

一、决策阶段电力工程造价管理的改进措施

决策阶段电力工程造价控制的目的是按照决策的内容使电力工程造价全面地、准确地反映建设项目所需的投资额，为建设项目正确投资提供可靠的技术经济指标。如何改进决策阶段电力工程造价管理应从以下几个方面入手。

（一）选择合理的电力工超造价估价方法

选择合理的工程造价计价方法是提高电力工程造价精度的关键因数之一。第一，必须收集尽可能多的已建类似项目的电力工程造价资料，并对这些材料进行分析、整理以及已建类似项目的工程特点、工艺特点、技术水平的程度进行描述。第二，对拟建项目和已建项目进行比较、分析。重点是建筑工程的结构、地质地形条件、工艺选择及工艺水平以及设备选型等。第三，根据以上分析确定工程造价的计价方法。如当拟建项目和已建项目生产能力相差不大、建筑结构形式相似、生产工艺相近时可考虑采用生产能力指数法计算。第四，计算方法确定后应重点对计算中所取得参数进行比较细致的测算。这些参数的确定对工程造价的精度有较大的影响。

（二）做好投资估算工作

投资估算是在项目可行性研究阶段编制的。一项好的可行性研究应通过多方案（站址）的投资估算及技术经济评价比较，向投资方推荐出最佳的方案。其研究结论，应使投资方明确，从经济效益的角度看该项目是否值得投资建设；使主管部门明确，从国家角度看该项目是否值得支持和批准：使银行和其他资金提供者明确，从贷款者角度看该项目是否能够按期或提前偿还所投资金。该阶段需要解决的问题是此项目是否有效益，重点则是技术经济评价。对于投资方而言，即从企业的角度分析测算项目的效益和费用等财务预测数据，计算出项目在财务上的获利能力。这就要求技术经济人员所搜

集掌握的数据必须真实可靠，由此得出的结论才能够成为投资决策的依据。而在实际工作中，有些项目并没有做到这一点，以至于造成项目投资决策失误，自投产起即开始亏损。如某工程项目投资额 4000 多万元，由于在做项目可行性研究时，对于市场需求没做很好的调研，对于预期的销售收入计算过高，待项目投产后，实际生产能力只达到了设计能力的 10%，造成了决策失误。再如某热电联产项目，在做财务评价时内部收益率为 8.85%，资本金净收益率为 15.61%，该项目看似效益很好，但经分析存在许多问题，如销售电价未考虑所在地区上网电价水平，比上网电价高 30% 以上；销售热价未得到地方主管部门的承诺，未考虑所在地区居民平均收入水平及承受能力；燃料成本是按理论值计算的耗煤量，未考虑实际运行时的各种因素，而实际耗煤量要比理论值高 10% 以上。此类技术经济评价得出的结论不能真实反映预期的经济效益。因此，做好项目技术经济评价是投资者估算阶段的重点工作。其步骤如下：首先，要认真做好市场调研，了解落实项目所在地区近期及远期对于产品的需求情况，落实产品价格及销售收入；其次，设计部门对于编制技术经济评价的基础数据要做认真细致地调查分析，应综合考虑各种动态因素。

（三）严格执行决策阶段工程造价的被制过程

建设项目在决策阶段的主要任务是对项目建设的必要性、可行性和经济性做出评价。

必要性取决于社会或市场的需求状况，可行性是指项目在建设和运营中的技术难易程度，经济性指项目投资的经济效果。项目的经济性是项目决策的核心问题。而项目的投资（工程造价）是影响项目经济效益最为敏感的因数之一。因此，决策阶段工程造价的控制具有十分重要的意义。

决策阶段工程造价控制的过程不同于传统的控制过程，其主要问题表现在没有界限清楚一致的标准。决策阶段工程造价控制的目的不在于控制工程造价的多少，而在于控制项目投资效益的好坏。即工程造价控制的目标是动态的，它以满足项目获得最大效益为目标。

二、设计阶段电力工程造价管理的改进措施

（一）限额设计

限额设计就是按照国家有关部门批准的可行性研究报告和投资估算，各专业在保证满足使用功能的前提下，严格控制不合理变更，确保总投资额不被突破。限额设计是控制工程造价的重要手段，在设计中工程量的控制就是

造价控制的核心。因此，设计单位要坚持"中等、经济、适用"的原则，设计人员必须提出多方案供技术经济人员优选最佳方案。设计人员和技经人员要密切配合，使设计做到先算经济账后画图，把各专业设计都控制在投资限额之内。设计单位在贯标工作和全面质量管理中，要制定限额设计考评细则，在各专业中开展限额设计考评，定期检查，把限额设计作为创优设计、评定设计等级的重要内容。在设计人员中树立技术经济统一的观念，把限额设计落到实处，以达到控制工程造价的目的。另外，设计人员在每个工程项目开始设计之前，都要认真参考通用设计资料，以便在具体工程设计中参照使用。如果有超过参考设计标准和工程量的，要进一步做深一层的分析工作，并要专门附论证资料做好投资分析，报审查部门审定后方可实施。可见，采用参考设计，保证设计质量，也是控制工程造价的重要一环。

（二）价值工程

价值工程就是通过对产品功能的分析，以最低的总成本实现用户所需要的功能，达到提高经济效益的目的。价值工程虽然在我国刚刚起步，但实践证明它在工程设计中对于控制工程投资，提高工程价值大有用武之地。这种方法有利于多种设计方案选择和竞争，从中优选最佳方案，有利于控制工程投资。因此，价值工程理论也是一种已经得公认的有效的设计管理方法，它在工程设计过程中，最大有可为的。对于同一个工程，不同的设计方案就会出现不同的造价，因此我们可以运用价值工程对各方案进行比较优选。通过技术与经济，功能与成本的结合实现生产者与使用者的有机结合。通过运用价值工程理论来评价设计，从而改进设计，就可以使工程设计达到最优，造价最低。

三、招、投标阶段的电力工程造价管理的改进措施

招、投标是一种市场行为，它是招标人通过招标活动来选择招标项目的最佳承担者，和投标人选择项目以获得更丰厚的利润的商务活动。招投标过程中，招标文件的编制是十分重要的环节，它既是投标文件编制的依据，也是签订合同的重要内容之一。招标文件必须对招标文件的实质性的要求和条件做出实质上的响应。任何对招标文件的实质性的偏离或保留都将视为废标。因此，招标文件的编制对于顺利完成招标过程，控制工程造价都有十分重要的意义。

（一）合理分标电力工程

对于一个大型电力工程建设项目施工，往往需要划分若干个标段。标

段的合理划分，对于电力工程的顺利实施和工程造价的控制具有十分重要的意义。适当地进行分标有利于造成竞争的态势。标段的划分应该遵循以下的原则：

适度的工程量。在划分标段时应该考虑各个标段的工作任务量，工程量太大，则起不到分标的作用；工程量太小，则承包商投标的积极性不高，同时，也会加大承包商的成本开支，不利于控制工程造价。

各标段应该相对独立，减少相互干扰。各个标段应该能独立组织施工。尽可能减少各个标段之间的干扰，以免造成索赔事件的发生。

尽可能按专项技术分标。即充分发挥具有专项技术的企业的特长。既可以保证工程质量，又可以降低工程造价。

从系统理论的角度合理分标以保证整体最优。建设项目是一个系统工程，局部最优并不能保证整体最优。在划分标段时，应该从整体的角度，合理分标。

（二）合理确定电力工程标底

电力工程标底作为评标的客观尺度，在招标投标中具有重要作用。尽管无标底评标技术已经应用到招标实践中去了，但无标底评标并不等于不编制标底，只是弱化了其作用，即不以标底作为判断报价合理性的唯一依据。标底对于业主来说，仍然具有重要的意义。首先，它预先明确了业主在招标工程上的财务尺度。其次，标底是业主的电力工程预期价格，也是业主控制造价的基本目标。总之，标底是业主（或者委托具有资质单位）编制的，能够反映业主期望和招标工程实际的预期工程造价。标底的编制应该考虑以下的因素：满足招标工程的质量要求。对于特殊的质量要求（超过国家质量标准），应该考虑适当的费用。就我国目前的电力工程造价计价方法而言，均是以完成合格产品所花费的费用。

如地面混凝土垫层的规范标准为 10 毫米，如果提出达到 −4~5 毫米，则需要更多的投入，即加大成本。

标底应该适应目标工期的要求。工期与工程造价有密切的关系。当招标文件的目标工期短于定额工期时，承包商需要加大施工资源的投入，并且可能降低了生产效益，造成成本上升。标底应该反映由于缩短工期造成的成本增加。一般来说，当目标工期短于定额工期 20，则应考虑将赶工费计入标底。

标底的编制反映建筑材料的采购方式和市场价格。对于大宗的材料往往也实行招标。

在计算标底时，应该以材料的采购方式进行计算。目前各地和行业公布的材料价格信息，是综合的指导性的，并不能真实反映市场价格。

标底编制中应考虑招标工程的特点和自然地理条件，当前我国电力工程造价的编制方法基本采用定额法，这种方法的最大特点是只考虑一般性，对于具体工程的特点等并不能反映。

此外，编制一个比较合理的标底，还要把工程项目的施工组织设计做得深入、透彻，有一个比较先进、比较切合实际的施工规划，包括合理的施工方案、施工进度安排、施工总平面布置和施工资源估算，要认真分析已颁布的各种定额，认真分析国内的施工水平和可能前来投标的承包人的实际水平，从而采用比较合理的定额水平编制标底：还要分析建筑市场的动态，比较切实地把握招标投标的形式。要正确处理招标方与投标方的利益关系，坚持客观、公平、公正的原则。

（三）加强对电力工程投标限价的分析

初步报价估算出来之后，必须对其进行多方面的分析与评估。分析评估的目的是探讨初步报价的盈利和风险，从而做出最终报价的决策。分析的方法可以从静态分析和动态分析两方面进行。

报价的静态分析。报价的静态分析是依据本企业长期工程实践中积累的大量经验数据，用类比方法判断初步报价的合理性。可从以下几个方面进行分析：分项统计计算书中的汇总数字，并计算其比例指标；从宏观方面分析报价结构的合理性；探讨工期与报价的关系；分析单位产品价格和用工量、用料量的合理性；对明显不合理的报价构成部分进行微观方面的分析检查报价的动态分析。报价的动态分析是假定某些因素发生变化，测算报价的变化幅度，特别是这些变化对报价中利润的影响。

报价的盈亏分析。初步计算的报价经过上述几方面进一步的分析后，可能需要对某些分项的单价做出必要的调整，然后形成基础标价，再经盈亏分析，提出可能的低标价和高标价，供投标报价决策时选择。盈亏分析包括盈余分析和亏损分析两个方面。盈余分析是从标价组成的各个方面挖掘潜力、节约开支，计算出基础标价可能降低的数额，即所谓"挖潜盈余"，进而算出底标价。亏损分析是分析在计算报价时由于对未来施工过程中可能出现的不利因素考虑不周和估计不足，可能产生的费用增加和损失。

报价决策。报价决策是投标人召集报价人员和本公司有关领导或高级咨询人员共同研究，就上述初步计算报价结果、报价静态分析、动态分析及盈亏分析的情况进行讨论，做出有关投标报价的最后决定。

四、施工阶段的电力工程造价管理改进措施

电力建设项目实施阶段是项目实体形成的阶段，是人力、物力、财力消耗的主要阶段。在这个阶段，工作量大，涉及面广，施工周期长，影响工程造价的因素多。项目法人要从全方位加强这个阶段的工程管理和监督，以提高电力工程建设质量、控制工程造价。

（一）严格按照基建程序办事，加强对开工前的各项准备工作的管理

项目法人应严格按基建程序办事，选择适当的工程开工时机，以利于建设资金的合理安排和工程的顺利进行。首先，加强对征地、动迁等工作的管理。电力建设工程一般占地较多，工程征地、施工用地费用较高，项目法人在征地工作中应严格把关，按批准文件确定的用地规模，不能擅自突破。要由熟悉政策具有实际工作经验的人员来承担这些工作，各类赔偿项目必须合理，费用计算符合规定，争取得到地方政府的支持和配合，有效地控制建设用地费用的支出。其次，加强工程招投标工作的管理。在电力建设工程中实行施工、监理、设备材料采购等招投标制度，可以充分发挥市场机制和竞争机制，促进施工企业、监理单位和设备材料供货商提高生产管理和技术水平，在保证工程施工质量、监理质量和设备材料供应质量的前提下，有效降低电力建设工程造价。

（二）认真履行电力建设工程合同，加强强能工过程中的各项管理

在工程承包合同中明确约定合同双方的权利和义务，对工程项目造价影响的变动因素进行详细而周到的约定，在合同中事先考虑造价变动因素和变动量，对设计变更和索赔的结算处理有明确的说明，避免合同执行中出现纠纷，结算时出现麻烦。

项目法人要合理安排各个施工单位的施工场地布置，优化施工总平面管理。尊重科学，尽量减少施工占地，合理土方调配，避免施工设施反复搬迁、土方往返运输、地下设施反复开挖等浪费现象。同时也要认真地审查施工单位的施工组织设计，严格施工措施的编制和审核，在保证施工质量、施工安全的基础上，优先采用成本较低的施工方案，以有效地控制和降低工程造价。

设计变更必然引起工程量的变化，往往造成工程造价提高，使工程投资失控。施工图纸经会审确定后，在施工时要严格按施工图施工，监理单位和项目法人要严格按施工图进行监督和管理，尽量减少和避免设计变更，这样有利于保证工程质量，加快建设进度，也有利于控制工程造价。

在电力建设工程造价中，设备、材料占很大的比例，为了有效地控制和

降低工程造价，要加强设备、材料采购管理。对于设备和材料的采购，要加强信息管理，及时、准确地掌握材料价格信息、市场供求动态，货比三家，择优选择；工程材料、物资采购应发挥主渠道作用，依靠批量优势，减少中间环节，降低材料购买价格；做好主机和大型辅机设备的招投标工作并严格执行供货合同。

在电力工程安装完毕，进入调试阶段时，要积极采用新技术、新工艺，缩短调试时间，减少燃料、化学药品等物资的消耗。对调试期间的燃料消耗进行考核，对燃料消耗超标的，要查明原因，由责任单位承担相应的经济损失。机组的试运必须满足《启动验收规程》要求，做到系统完整，现场条件具备，尽量减少过渡措施，这样可以有效地控制和降低调试和试运阶段的费用支出。

在电力建设工程中实行监理制，可使监理单位协助项目法人对整个工程质量和造价进行监督、控制，并运用自身拥有的丰富知识和特长以及大量的工程实践经验，帮助项目法人避免决策失误，力求决策优化，确保项目目标的最佳实现。

（三）合理安排资金使用，加强资金和工程进度管理

建设期间要优化工程进度安排，合理安排各单位工程的开工顺序和开工时间，以压缩设备储备时间。加强建设中工程资金的支付管理，根据施工组织和工程进度合理安排建设资金，以便控制全局并采取纠偏措施。对于工程材料也要按工程进度有计划地购买，以缩短材料储备时间和对资金的占用时间，减少建设期间由于筹措资金而发生的利息支出。为了有效地控制工程造价，在办理工程决算时，项目法人要认真全面地审核施工单位的工程报价，对于工程中的设计变更和施工索赔，要严格审查报告单，控制支出额度，并对施工中出现的问题提出反索赔。

五、加强电力工程的造价管理的审计

（一）充分发挥电力工程项目审计的作用

电力工程项目审计主要指对发输变电建设项目进行审计，是对电力工程项目投资活动以及与之相联系的各项工作进行的审查、评价和监督工作。电力工程项目具有规模大、周期长、设备投资比重大的特点，通过审计发现电力工程项目管理的缺陷和薄弱环节，核减不合法、不合规、不合理的投资支出，控制工程造价，促进项目法人责任制的落实。因此，加强电力工程审计

可以起到以下几方面的作用：

（1）可以监督有关电力建设项目投资法律法规、政策和制度的贯彻执行。

（2）可以促进建立健全电力工程项目责任制和项目投资活动的各项规章制度，改善和加强电力工程项目内部管理，控制电力工程造价，提高投资效益。

（3）可以发现和查处违纪问题，维护正常经济秩序，制止挤占挪用电力工程项目资金额和损失浪费等行为，保护国家和企业利益。

（4）可以发现电力工程项目投资结构、规模、投向等方面的问题并提出改进的合理化建议。

（二）坚持执行电力工程审计的原则

1. 坚持依法审计的原则

审计监督制度是我国法治建设的一项重要内容。在实施审计监督中必须自始至终坚持依法审计。电力建设工作无论从宏观管理的投资规模、布局、结构、方向上看，还是从项目法人（建设单位）和建筑安装企业的经营管理和财务收支上看，它的合法性和政策性意义都是很强的。因此，进行电力工程项目审计，必须遵照国家法律和电力建设法规制度进行。

坚持对投资规模实行宏观控制审计的原则。电力建设项目的特点之一是耗费大、周期长，往往是几年时间内只投入不产出。如果投资规模过大，必将占用企业的人力、物力和财力，导致生产和发展比例失调；反之，投资安排少，就无法保证社会扩大再生产和企业发展的需要。因此，科学合理地控制和掌握不同时期的投资规模，是国家对固定资产投资活动进行宏观管理的重点，也是电力工业投资管理和投资决策考虑的重要问题。电力工程项目审计就要围绕对电力项目投资规模控制，使其发挥较高层次监督的重要作用。

2. 坚持按照电力项目建设程序审查的原则

电力工程项目审计要按电力项目建设程序进行，这是由电力项目建设特点不同于一般工业企业而决定。大中型电力项目建设耗费大、周期长、见效慢，特别是涉及部门、环节多，项目建设涉及的各部门、各环节，都要按照既定程序有条不紊地、有步骤地、有秩序地进行。在进行电力工程项目审计时，除需严格审查建设项目的设计者、组织者和施工者是否按程序规定办事外，审计工作本身也需要按工程的不同阶段，一步一步地审查各工作阶段的合法性和合理性，坚持按电力项目建设程序审计的原则。

3. 坚持投资效益性原则

进行电力项目建设的目的，就是要获取投资的经济效益。电力工程项目审计，必须以经济效益为中心，评价项目建设活动中的成败业绩和全部经营管理活动，离开了这个中心，工作就会失去目标，因此，坚持提高投资效益是电力建设项目审计的一项重要原则。

第四章 施工项目成本管理现状

第一节 建筑施工企业所处的环境及发展趋势

众所周知，建筑业是我国国民经济的支柱产业，建筑施工企业作为最主要的建筑业企业，在国民经济中起着重要的作用。建筑施工企业指从事土木工程、建筑工程、线路管道和设备安装工程及装修工程的新建、扩建、改建和拆除等有关活动的企业（简称施工企业或承包人）。分析施工项目成本管理现状，首先从分析建筑施工企业所处的环境及发展趋势入手。对目前建筑施工企业所处的环境及发展趋势分析如下。

一、建筑施工企业所处的环境

（一）建筑施工企业所处的政治环境

党中央提出的坚持科学发展观、构建社会主义和谐社会的理念为建筑施工企业的发展提供了思想指导，也提供了发展机遇。

（二）建筑施工企业所处的经济环境

我国经济保持持续高速增长。尽管 2008 年发生了全球金融危机，但在中央政府"保增长、扩内需、调结构"的方针指导下，国家通过陆续出台的一系列促进经济增长的措施，2009 年全国的经济增长速度为 9.1%。

（三）建筑施工企业所处的社会环境

随着民间投资比重的加大和政府投资体制的调整，业主的需求不断提高，这要求建筑业进一步公开透明，项目采购模式也将发生变化。随着社会公民意识的加强及施工企业社会责任的加大，施工企业在发展过程中，必须重视社会公众的利益。

（四）建筑施工企业所处的技术环境

工程总承包项目中，施工技术成为承揽工程总承包项目的核心要素，随着大型工程设备及新型工程材料的应用，工程施工的组织发生重大变化。随着全球对环境保护的关注，节能减排技术，新能源、新材料将更多地运用到建筑房地产市场，技术创新成为推动建筑行业发展的重要动力。

二、建筑施工企业发展趋势

（一）我国固定资产投资的发展趋势

2020年发展到五十万多亿元。尽管国际金融危机对国内经济会产生影响，但我国政府扩大固定资产投资的速度并未放缓。近年来，出台了一系列扩大内需措施，其中明确指出要加快铁路、公路和机场等重大基础设施建设。同时，在市政、城市轨道交通和房屋建筑等领域的建设投资规模也急剧扩大。建筑业是固定资产投资的主要参与者，固定资产投资规模的不断扩大为建筑企业的发展提供了良好的机遇。

（二）国际建筑市场发展趋势

起源于美国房贷业的世界金融海啸冲击了各个国家、各个行业，绝大多数国家和地区的房地产建筑业受到了严重的影响。美国、欧洲和一些石油经济国家受到的伤害最大。美国、中东大量的新工程下马，在建工程停工。但是随着各国政府对此轮金融危机的认识的加深，随即展开的"救市行动"开始显现出对建筑业的强拉动作用。无论是美国、中国，还是欧洲、日本、东南亚，政府的扩大内需和增加基础设施建设的计划，为建筑业的首先复苏提供了具体量化的目标。经过短暂的沉寂后，建筑业仍将恢复活跃。

（三）国内建筑市场发展趋势

建筑业是国民经济的支柱产业，国家要求促进城镇化健康发展，按照循序渐进、节约土地、集约发展、合理布局的原则，积极稳妥地推进城镇化进程。目前，金融危机短期对房地产市场会产生一定影响，但房地产市场的长期发展趋势依然不变。其中，根据人口增长、城市化进程和小康社会居住目标进行推测，仅房地产市场，2015年全国共需新增房屋开发面积约95亿平方米。预测未来10年内，全国将要增加房屋开发面积65亿~70亿平方米。

（四）建筑施工企业间的竞争加剧

建筑市场中，一般的施工企业都是采取成本领先战略，因为对于普通建筑物来说，施工工艺标准不高、难度不大，因此市场的进入门槛低，导致施工企业间竞争非常激烈。

综上，中国建筑市场已成为全球最为活跃的建筑市场，中国建筑企业面临前所未有的机遇和挑战。尤其是近五到十年，是建筑施工企业抓住全国经济快速增长、城市化快速发展的重要战略机遇期，快速发展的市场经济为我国建筑行业的发展提供了巨大的发展空间，同时也对施工企业提出了更高的要求。企业的使命是实现企业价值最大化，一个企业能否在激烈的市场竞争中立于不败之地并取得更大的发展空间，关键在于其盈利的多少。所以现在施工企业项目经营管理的最终目标是：以低成本、高质量、短工期完成承揽工程并取得较大的利润。其中低成本是这些目标的基础和核心。由此可见，施工项目的成本管理是施工项目管理的重中之重。

第二节 施工项目成本管理的特点

建筑产品的特点决定了建筑施工的特点，建筑施工的特点决定了建筑施工企业生产经营的特点，所以作为施工项目生产经营活动之一的项目成本管理，其特点也是由建筑产品的特点决定的。

和其他工业产品相比较，建筑产品具有体积庞大、复杂多样、整体难分、不易移动等特点，从而使建筑施工管理除了具有一般工业生产的基本特性外，还具有自身的特点，这些特点决定了项目成本管理的特点，主要分述如下。

一、项目成本管理的动态性

由于每一个建筑物或构筑物都是固定不变的，所以施工企业的施工组织机构包括人员、设备必将随着企业承接的建筑物或构筑物的变化不断转移生产地点，来进行项目施工管理和成本管理。正是施工生产的流动性决定了项目成本管理的动态性。项目成本管理的动态性还体现在另一方面，即在每一个工程的施工过程中，施工管理人员、劳务人员、各种机械和设备都随着施工部位的不同而变化，项目也随之采取不同的管理。所以，正是由于建筑产品的固定性、生产经营的流动性决定了项目成本管理的动态性。

二、项目成本管理的特殊性

建筑物因其所处的自然条件和用途的不同，工程的结构、造型和材料亦不相同，施工方法必将随之变化；产品的形式多样，很难实现标准化。正是由于建筑产品的多样性、生产经营的多样性决定了项目成本管理的特殊性。

三、项目成本管理的长效性

由于建筑业是一个关系到国计民生的支柱性基础产业，建筑产品是关系国计民生的特殊产品，建筑工程施工周期一般较长，少则 1~2 年，如普通的住宅楼工程施工；长则数十年，如三峡工程的施工。正是由于建筑产品施工的长期性，决定了项目成本管理的长效性。

四、项目成本管理的协调性

建筑产品体形庞大、生产周期长，施工多在露天和高处进行，常常受到自然气候条件的影响，从而决定了建筑项目生产经营的复杂性。正是由于建筑项目生产经营的复杂性，决定了项目成本管理的协调性。

五、项目成本管理的局限性

目前我国建筑施工机械化程度还很低，仍要依靠大量的手工操作。这决定了建筑项目生产经营及项目成本管理的局限性。

第三节 施工项目成本管理的现状

施工项目受市场竞争激烈的影响发展很不平衡，在工程项目成本管理方面，存在着制度不完善、项目成本管理水平参差不齐等现状，造成成本支出大、利润空间狭小、效益低下等不良现状。

具体表现在以下几个方面。

一、工程项目成本管理不成熟、不完善，成本控制方法相对落后

项目成本管理不但是项目管理的核心，也是建筑业企业内部一个最庞大的系统工程，它不应该是孤立的，单一的成本管理不能满足项目的顺利进行，需要各个部门合理的"责、权、利"平衡来支撑。在目前市场环境条件下制约施工企业项目成本管理发展的不利因素较多。例如，建筑施工项目由于没有成熟的成本控制方法和先进的手段，很多的项目成本管理没有运用信息化的管理手段，项目施工过程中大量的数据信息难以及时进行收集、传递、处理和储存，致使项目决策人员不能及时掌握项目成本的变化情况，项目成本控制没有依据，更谈不上采取有效的措施去降低成本、保证利润的最大化。

二、缺乏完整的成本管理体系，项目管理不到位

建筑企业原有成本管理模式中，一个完整工程项目的成本管理全过程处于割裂状态，如成本预测和成本计划职能在经营部门；成本控制职能在施工现场项目部；成本核算职能在财务部门。工程项目责任成本和对责任成本指标的反馈、修订、完善及分析考核等工作尚未落实到具体部门和人员。由于成本责任未能得到完整、明确的划分，当面临成本管理产生的具体问题时，管理人员对情况并不十分关心，不少人根本不知道自己所负责工程部分的计划成本、预算收入和实际成本情况。他们认为只要施工生产进度跟得上，其他就没有问题了。长此以往，就形成了"谁都该管，谁都管不了"，或者"谁都有责任，谁都负不了责任"的状况，这样的成本责任制是无法得到贯彻落实的，成本管理就成了一句空话。

三、项目成本管理组织弱化

项目成本管理的组织弱化，尤其是项目经理队伍良莠不齐，影响了项目成本管理。有些企业在选聘项目经理及关键岗位管理人员方面不按规定程序公开招聘；有些企业对项目经理的培养和使用缺乏长远考虑，造成项目经理队伍良莠不齐。一些企业之所以亏损面大，与没有合格的足够数量的项目经理有很大关系。项目经理队伍良莠不齐造成的更为突出的问题是：有的项目经理不会先算后干，不会制订成本计划，不会合理组织生产要素；甚至有的项目经理缺乏应有的责任心，没有把主要精力放在成本管理上，造成成本管理失控，让一些不法供货商和分包商钻了空子、侵吞了企业的利益。

四、成本管理工作难度大，成本核算流于形式

施工企业大部分的项目部由于种种原因未编制成本计划，甚至即使企业有相关规定，项目部的执行也不到位，造成项目成本计划编制基本流于形式。成本计划体现的是一个项目团队集体的成果，是控制成本的管理依据，若项目部编制的成本计划不及时，成本计划的作用就不能很好地发挥出来，成本计划就起不到指导施工经营生产、控制成本支出的作用；另外，很多项目存在的成本管理共性问题是在施工过程中没有将成本计划和成本核算结合起来，由于项目没有定期进行成本核算，不进行成本分析，或者没有将项目的实际成本、预算收入、计划成本三者间进行比较，因此对项目成本控制的意义不大，起不到关键作用。

五、缺乏完善的责、权、利相结合的奖励机制

目前有些施工企业因为各部门、各岗位责、权、利不对应，以至于无法考核其优劣。缺乏完善的奖励机制和奖罚不到位的做法，不仅会严重挫伤有关人员的积极性，而且会给今后的成本管理工作带来不可估量的损失。另一方面，工程的建设单位（下文简称业主或发包人）以各种借口拖延结算办理的时间或长期拖欠工程款，致使项目实现的成本节约奖励无法及时兑现，严重挫伤了项目管理人员的积极性。

六、基础管理薄弱

很多的建筑企业没有处理好生产和管理之间的关系，重视市场营销及施工生产工作，轻视项目的经营管理工作。一方面把全部精力放到跑市场上，不管是有效市场还是无效市场；另一方面又疏于管理，突出表现为"标价不分离、承包不到位"。项目承包管理办法不及时调整，沿袭采用多年来的办法，对中标来的工程不管"肥、瘦"，对企业和项目部之间如何各自分担风险、如何确定承包指标、如何配置生产要素、如何实施过程监控等都没有可控的方法，造成项目部之间彼此不平衡，盈利的多要求奖励，亏损的则找种种理由推卸责任，企业久而久之就形成奖罚不兑现的"吃大锅饭"现象，其结果是全年市场规模不小，亏损面逐渐增大，严重影响了企业的健康发展。

另外，还有的企业主要专业领域和重要岗位缺乏理论和实践经验丰富的管理骨干，无法制定适宜的项目管理配套办法，不能独立制定工料价格体系，造成工程自开工其成本目标测算就存在失真、失误，影响了项目成本管理的严肃性。企业因为人员素质低，项目成本管理的情况长期得不到改善，检查和考核找不准关键问题，项目部不能得到应有的指导，项目一旦出现潜亏，没有应对措施，任其发展，造成无法弥补的损失，这都是基础管理薄弱的体现。

七、工程量清单计价的实行，对施工企业成本管理提出了新的挑战

近几年，随着建筑施工行业工程量清单计价的实行，对施工企业成本管理提出了新的要求。工程量清单计价就是将招标方提供的工程量清单根据本企业的技术条件、管理水平，本着自主报价的原则，进行逐项填写单价，并计算出整个工程的投标报价。

工程量清单计价属于综合单价法计价，消除了计量过程的差错因素，创造了一个公开、公平的竞争环境，使工程投标竞争真正落实到价格竞争中，

报价的高低完全取决于施工企业自身的综合管理素质，对施工企业的成本管理是一个新的挑战。

第四节 研究项目成本管理的目的

建筑市场中，一般的施工企业都是采取成本领先战略，因为建筑市场的进入门槛低、竞争非常激烈，这样大多数企业都会压低标价，中标后千方百计降低成本，以成本领先获得竞争优势。施工企业要想在建筑市场中立于不败之地，不仅要在投标竞争中承揽更多的工程，而且要在工程的施工过程中，确保优质、安全、快速、低成本地完成施工项目，从而得到业主的认同，获得更好的经济效益。

目前，我国建筑施工企业项目管理模式大多数是推行项目经理负责制，施工企业中标后，以中标工程项目、单位工程为对象，对其进行单独核算，实行项目部从开工、竣工至保修期结束的全过程负责制。由于建筑工程的特殊性，施工项目通常规模比较大，分项工程或单项工程多，施工管理和合同管理难度大。项目部成立后，项目部的各管理部门都是相对独立、各自为政的，往往致使项目部内部信息交换与汇总严重滞后，不能及时发现问题，造成了很多不必要的经济损失，有的项目甚至到工程结束、竣工结算才知道项目的经营结果。如何提升项目成本管理水平，是施工项目迫切需要解决的问题。

施工项目是企业利润形成的基础，项目成本管理水平的高低，直接影响到企业取得利润的多少，所以，为了降低工程成本，提高施工企业的盈利水平，实现项目目标利润，创造良好的经济效益，企业必须从工程项目施工中找出一套行之有效的项目成本管理方法。

另外，随着市场开放性程度提高，国外建筑投资商和承包商进入，政策法律、法规逐渐国际化，建筑施工企业的市场竞争也日趋激烈，并面临着新的施工技术、新的施工管理水平及新的合约管理水平的冲击，所以，项目经营管理必须有一套既能提升项目内部成员成本管理水平，又能够准确地反映项目实际情况以支持领导层对项目经营状况的即时掌控的办法。传统的项目经营管理体制也迫切期望变事后算账为事前预测、事中控制、事后考核的新的经营管理体制，这也是我国建筑施工企业项目成本管理不断发展的必然趋势。

第五章 电力工程成本管理

第一节 电力工程项目成本控制概述

一、电力工程项目成本管理的特点

工程项目施工成本管理是指施工企业以施工过程中的直接耗费为原则，以货币为主要计量单位，对项目从开工到竣工所发生的各项收支进行全面系统的管理，以实行项目施工成本最优化的过程。它包括落实项目施工责任成本，制订成本计划、分解成本指标，进行成本控制、成本核算、成本考核和成本监督的过程。

电力施工企业项目成本管理的特点包括过程方面和知识领域方面。

在过程方面，由于电力施工企业是劳动密集型的企业，其项目成本管理过程基本上是围绕施工成本管理进行，因此从过程上看，电力施工企业项目成本管理与项目施工过程是紧密结合的，或者反过来，电力施工企业的工程施工很大程度上是以项目的形式进行的。

在知识领域方面，电力施工企业项目管理的知识领域虽然可以纳入一般项目成本管理的知识领域，但又有其自身的专业特点，每个知识领域都包含关于质量、安全、工期等方面的专业知识领域。

二、电力工程项目成本管理的重点

通过以上对项目施工成本管理基础理论的研究，结合电力施工企业工程项目成本管理的特点，笔者认为电力施工企业工程项目成本管理主要是项目施工成本的管理，重点应放在施工阶段，放在项目经理部。也就是说，以项目经理部为考核单位进行成本管理，具体管理过程包括：确定责任成本与签订责任成本书、确定成本目标和编制成本计划、加强过程控制和进行项目施工质量、工期、成本的综合平衡管理等内容。通过对电力施工企业工程项目成本管理过程中如下内容的重点研究，希望对改进电力施工企业的项目成本管理工作能够起到一点帮助作用。

（一）电力施工企业工程项目成本管理的重点环节

（1）公司制定项目施工责任成本并下达给项目经理部；

（2）项目经理部编制项目施工成本计划、确定目标成本；

（3）项目经理部在施工阶段对工程项目施工成本进行过程控制；

（4）进行项目施工质量、工期、成本的综合平衡管理。

（二）电力施工企业工程项目成本管理的重点内容

（1）材料管理；

（2）人工成本管理。

三、电力工程项目成本管理的技术方法

立足于项目成本的构成及电力施工项目的特征，针对电力施工行业的全局性成本管理状况加以探讨和论述，归纳出电力施工行业成本控制的普遍性方法，并提出切实可行的改良计划。

（一）成本分析表法

所谓成本分析表法，就是利用数据表格的制定搜集、分析和总结电力工程成本的全部管理措施。例如，日报表、周报表、月报表、季度报表、年度报表及实时数据表等。报表的书写及递交，都必须严格依照准确性、可靠性和客观性的原则进行。

日报表和周报表的书写和递交，历经时间相对短暂。同详细而完整的月报表相比，日报表和周报表具有更高的指向性。也就是说，日报表和周报表是以电力工程项目的一个关键环节的全部流程为目标进行报表的书写，或者是以电力工程项目的容易超支项目为目标进行报表的书写。例如，工程材料费和政策处理费等。对于日报表和周报表来说，其最显著的特征在于报表书写的实时性，并不延迟。项目管理部门应当对每日的项目进展及成本的产生状况加以实时追踪，尽可能在第一时间定位项目的漏洞之处，制定并落实针对性的应对措施。因此，成本分析表法是使管理人员切实了解项目的实时进度和成本状况的最直接方法。

成本分析表法具有几大显著优势：实时性、非静态性、有效性、可定位性、便利性及直观性，成本分析表法是被电力工程用于成本控制的最为常见的方法。然而，成本分析表法在成本与工期、安全及质量相互关系方面并未

给予足够的关注，没有有力的综合管理框架。在现实操作中，极易出现落实不到位的问题。

（二）偏差法

所谓偏差法，就是立足于目标成本，通过一定的统计方法（比较法、因素分析法及比率法）将现实结果同预期目标的差距计算出来，并利用差距追源和差距走向的分析，确定并落实针对性的解决方案。偏差法的宗旨在于：实现预期成本目标，对工程项目执行科学地、合理地管理。

电力施工项目用于成本控制的偏差法可以归为三种：实际偏差法、计划偏差法及目标偏差法。所谓实际偏差法，是指计算出实际成本支出同预期成本目标之间的差距；所谓计划偏差法，是指计算出预期成本目标同计划成本支出之间的差距；所谓目标偏差法，是指计算出现实成本支出同计划成本支出之间的差距。三种偏差法的目的是统一的，即减小差距值，使成本被控制在可接受的范畴，从而为预期成本目标的实现提供保障。

在电力施工项目当中采取偏差法进行成本控制时，能够把现实成本支出同计划成本目标的走向以曲线图的方式加以呈现，进而开展统计分析。依照曲线图判断在未来的项目进展过程中，现实成本支出的变化方向。偏差法的显著优势在于：利用计算整体费用支出受每类成本费用支出的作用大小，进而明确地追踪到导致差距拉大的根源所在，从而制定并落实高针对性的整改方案。偏差法的显著劣势在于：计划成本支出是立足于一成不变的工序持续时间而计算出的结果，但是，在现实操作中，相当一部分工序的开工时间和完工时间均处于持续的变化中，因此，应当将时间的影响纳入考量。

（三）成本累计香蕉曲线法

所谓成本累计香蕉曲线法，是将一定时期内全部工序产生的成本费用支出进行加总，并且将每个时期的成本费用支出逐步加总，从而计算出每个时期的累计成本费用支出额度。在展现工程项目全部成本费用支出状况时，通常采用成本累计香蕉曲线法。出于规避工序时间不固定所造成的影响的考虑，成本累计香蕉曲线法选择以最早开工（完工）时间和最迟开工（完工）时间来实现成本累计曲线的绘制。

假如现实成本费用支出曲线徘徊于香蕉图形边界范围之内，那么反映了工程项目的成本费用支出处于合理的、可接受的范围之内。在此状况下，采取匹配的偏差法均能利用工序开工（完工）时间的改变，达到有效控制成本的目的。假如现实成本费用支出曲线徘徊于香蕉图形边界范围之外，那么反映了工程项目的成本费用支出已经显著超出预期范围，需要由管理人员对其给予足够的关注，并且马上追踪造成实际成本费用支出出现明显差距的根源：预期成本费用支出目标的不合理计算，或者现实成本费用支出没有得到有效地控制。假如是由于预期成本费用支出目标的不合理计算所致，那么，就要重新计算预期成本费用支出目标、制订成本费用支出计划，并且以新的数据为基础再次绘制香蕉曲线图。假如是由于现实成本费用支出没有得到有效地控制所致，那么，就要通过曲线出现较大偏差的时间节点追踪到根源工序，制定并落实有针对性的处理方案：改变工序开工（完工）时间，或者制定并落实成本治理措施。

四、电力工程项目成本管理的必要性

近年来，国家对于电力施工项目给予了高度的关注，电力市场呈现出供不应求的紧俏形势，电力施工行业具有较为明朗的整体局势。对于电力施工项目来说，有效的成本控制通常是被项目管理部门所疏漏的重要内容。其主要通过下述内容得以呈现：机械设备的过剩配置、工程材料在运输过程和仓储环节出现大量的浪费、差旅费和招待费支出不合理等。当处于开放性的市场竞争环境中，较高的工程项目成本报价会使电力施工企业在严峻的行业竞争中一击毙命。唯有将施工项目成本加以有效地控制，方能提升电力施工企业在行业竞争中的核心竞争能力。

与此同时，受地方保护及相关利益方的影响，地方政府的干预和相关部门的不作为，常常导致电力施工项目的实践频频受限。导致上述现象出现的原因除外在作用之外，还有一定的内部原因：招投标竞争持续严峻、内部成本持续走高、利润不断下降、经营业绩持续低迷。所以，当目前外在因素无法得以扭转之时，电力施工企业应当亟待解决下述问题：强化内部管理力度，增强操作效率，将施工成本控制在最合理的范围。

五、电力工程项目成本管理的影响因素

所谓工程成本控制，是项目管理部门在产生成本费用支出的全过程，出于降低成本费用支出的目的，对成本费用支出采取估算、计划、落实、核算等一系列措施，对人力、财力、物力的支出状况加以管理和控制，并最终达到预期成本费用目标。工程成本控制所采取的成本监督和成本检查，都是针对产生成本的环节而言。产生成本并非一个静态的过程，因此，相应的成本控制同样是一个非静态的过程。基于此原因，工程成本控制又可称作"成本过程控制"。

对于施工企业的成本控制工作来说，工程成本控制发挥着至关重要的作

用。高水平的成本控制能够使施工企业的利润得到大幅的提升，使企业在行业竞争中具有较好的竞争优势。工程成本能够直接体现施工企业的操作水平：较少的成本费用支出体现了施工企业在实践过程中对工程材料和人力进行了良好的控制，也就是说施工企业的操作效率、固定资产使用率，以及工程材料的利用率均得到了有效的提升。

依照工程成本的要素组成状况，确定对每一组成本要素的管控措施。首先，以保障施工项目的质量、工期及安全等为宗旨；其次，在众多成本控制方法当中，选择最为匹配、最为有效的方法予以落实。因为施工项目的现实条件千差万别，应当根据对工程成本具有显著作用的组成要素确定详细的成本控制方案。因此，成本控制方案一定要同电力施工项目的现实条件相吻合。下面以直接工程费为例，详细论述工程成本的影响要素。直接工程费涵盖人工费、材料费和机械使用费，三项费用都有其各自的影响要素。

（一）人工费影响要素分析

对于人工费来说，需要将施工单位同建设单位签署的合同纳入考量。施工单位应当依照合同所规定的计价方式，确定施工工作者的具体成分及整体队伍的人员配置。在此环节用于参考的标准有招投标文件、签署的合同条款、企业内部机制、施工项目的现实条件及设计方案等。在对人工费具有影响作用的众多因素中，分包队伍是其中一项较为关键的内容。项目分包通常需要通过招投标环节完成，劳务分包大都是以工作量综合单价或者总价包干等方式进行。最好采取固定总价的分包手段，尽量规避劳务分包费超出计划的问题。劳务分包合同要立足于分包内容的边界及施工图的预算额度签署，无论在哪种条件下，分包合同的额度都不得高于施工图的预算额度。在施工项目的实践中，应对劳务分包的具体活动及现实的成本费用支出状况加以严格地管控，由项目管理者对竣工工序的工作量和质量加以敲定和检查，当确认无误后支付合同规定的额度。假如产生了现实的成本费用支出高于施工图预算额度的问题，需要及时开展分析和追踪，落实后续工序的整改措施。在针对人工费的影响要素开展分析时，需要对潜在性的隐患因素给予足够的关注，坚决抵制超出合同范畴的用工体制。

（二）材料费影响要素分析

对于材料费来说，其关键之处在于确定材料的配置方案。材料的配置方案是立足于工程材料的需求状况，并且参照工程项目的工期计划综合得出的。工程材料的消耗量受到多种因素作用，如材料配置方案的详细程度和可操作性、材料配置方案的确定周期。通常而言，材料配置方案既不应当过早确定，也不应当过晚确定，应当在恰当的时期确定材料配置方案。假如材料配置方案过早确定，那么巨大的工程材料使用量会导致严重的库存囤积压力，使仓储成本费用支出上升，工程材料损耗加大。但是对于某些较为紧俏的工程材料来说，应当给予足够的裕度，从而规避由于工程材料的供给不足所导致的停工、窝工问题，防止工程项目进度成本费用的上升。对于施工环节，工程材料的领取模式同样具有相当关键的作用。应当采取限额领取、实时登记的手段，将工程材料的使用量加以有效地控制。电力施工项目需要确定各工序的工程材料领取限额，并且根据限额的规定开展工程材料的配置。当工程材料的领取量高于工程材料领取限额，那么申领者必须递交详细说明，并且由管理者确认后予以发放。在对材料费具有影响作用的众多因素中，工程材料的计量是其中一项较为关键的内容，计量数一定要准确无误。假如没有精确地计算混凝土和砂浆的配比，就会造成水泥消耗量的上升；假如钢材的强度系数没有达到要求，那么就会造成超重的问题。因此，用于计量的器械一定要由有关机构进行检测，且未超出有效期。与此同时，应当对用于计量的器械和方法加以严格地管控。

在对工程材料价格具有影响作用的众多因素中，采购合同是其中一项较为关键的内容。工程材料的价格是在材料的采购过程中按照合同的要求得出的，并且工程材料的采购价格应当尽可能地控制在计划价格范围之内。除此之外，市场对材料费的影响作用同样应当得到关注。由于经济环境和市场结构处于非固定状态，因此，工程材料的价格极易出现明显波动。电力施工项目的采购部门应当充分了解市场动态，掌握价格的变化趋势，进而改进采购流程，将工程材料的价格和运输成本费用支出减到最少。

（三）机械使用费影响要素分析

对于机械费来说，其关键之处在计划的确定和租赁的模式。在电力施工项目实践之前的成本估算及方案确定环节，应当将机械设备的租赁期限及租赁价格纳入考量。通常来说，电力施工项目的实践过程应当严格依照成本支出计划进行。就机械设备的配置状况和价格等加以实时追踪，坚决杜绝挪用机械设备、闲置机械设备等问题的出现。机械设备的租赁模式较为多样化，既可以是经营租赁又可以是融资租赁。就某些高针对性的机械设备来说，能够由分包队对其加以管控，并且定额包干的额度一定不得高于成本费用支出目标。

六、电力工程项目成本过程控制

（一）工程项目成本控制的基本概念

1. 成本控制的含义

成本控制可以划分为成本和控制两部分进行解析，成本指的是针对某项特定工程或事项，用货币来评估和计算发生或者完成该事项所产生的费用总和；控制指的是依照预先的工程或事务标准及要求，对工程或事务的环节或对具体事项进行干涉和管理，从而将各项指标控制在一定的范围内。成本控制通常指的是企业的管理者在企业大规模进行生产经营前，将企业的成本管理费用设定一定的目标或额度，由企业的成本控制主体，即企业的管理层利用其职权，对可能影响成本变化的所有因素逐一进行排查和分析，并根据分析结果采取一系列预防和调节措施，目的是确保其最初设定目标的最终实现。

2. 工程项目成本控制的含义

工程项目成本控制指的是项目部门管理人员在工程项目实施过程中，控制各个项目环节的每一笔成本和费用支出，进而降低工程成本，达到项目成本目标的预期效果，从而需完成的成本预测、执行、监督、评估、核算、改进等一系列的成本控制活动。

（二）工程项目成本控制的基本过程

工程的项目成本管理通常可分为事前、事中、事后三个不同的控制阶段，每一个阶段控制的实施都可能对整个工程项目产生不同程度的影响。

1. 工程项目成本的事前控制

工程项目成本的事前控制是项目成本控制中的第一个环节，是指在项目开工前，项目管理人员对可能导致项目成本出现问题的所有事项进行规划和审查。工程项目的事前成本控制主要包括成本预测、成本决策、成本计划的制订、建立消费额度、整理和完善原始数据记录、实施成本管理等内容。

成本预测是成本控制的前提，是企业管理者进行成本决策和制订成本目标的依据。成本预测主要包括以下两方面：投标决策的成本预测及编制计划前的成本预测。投标决策的成本计划指的是企业在投标前，需要对工程项目做出系统全面的成本预估；编制计划前的成本预测指的是施工企业在工程施工前，就是企业在编制工程项目合同计划前，对可能会发生的所有的成本费用进行一定的预测。

成本决策通常是指项目管理层首先会结合工程项目的实际情况对项目费用开支状况进行一定的预估，对工程项目的施工工作进行具体的指导，并制定出成本控制方案，进行比较和筛选后选出最优方案。成本决策时，应纵观全局，不仅要注意微观经济效益，更需要关注工程项目取得的宏观经济效益。成本计划方案确定后，工程项目管理人员应当立即设计成本控制计划。成本控制计划是工程项目实施的指标，制订成本计划还应逐层剖析计划中有关经济指标，将工作落实到各部门、各施工队或个人，实行项目分级管理，从而达到成本控制的目的。

2. 工程项目成本的事中控制

事中控制是企业进行成本管理的中间环节，在项目的整个施工过程中，成本管理人员需要先制定目标计划，同时设定消耗定额标准，对在工程实施过程中不断产生的费用定期进行审核，将可能导致费用超支的所有因素，扼杀在萌芽状态；为使成本控制在预期目标范围内，对成本核算信息进行时时的监管把控，一旦发现成本费用与目标成本出现偏差，应马上进行反馈，针对发生偏差的具体工作环节进行纠偏。

事中控制过程应注意以下四个方面。

（1）费用开支的控制。根据项目成本计划，对于项目费用支出的具体金额严格把控，层层把关，无关费用不得随意开支。

（2）人工耗费的控制。及时发现造成停工的主要原因，如人员数量、资金额度、出勤率等。

（3）机械设备的控制。合理使用施工机械、生产设备和运输设备，按照保养、维护和保全执行系统，提高设备的使用率。

（4）材料耗费的控制。按照工程施工标准，严把材料关，确保材料质量及数量。不断完善材料领用程序，确保材料领用有章可依、责任到人。

3. 工程项目成本的事后控制

工程项目成本的事后控制是成本控制的最后一个阶段，当施工项目将要结束时，项目管理者需要对项目之初成本计划的执行情况进行综合评估和审查。工程项目成本事后控制的意义在于发掘既定成本和预期成本之间的差异，找出差异产生的原因，对薄弱环节及产生的偏差提出整改措施，并确定经济责任的归属，测评结果可用以对责任部门及人员的业绩进行考核；通过调整工程项目成本预期计划，不断完善企业成本控制机制。

工程项目成本的事后控制按照以下五个步骤进行。

（1）核算工程项目实际成本。

（2）将工程项目实际成本和预期成本进行比较，明确它们之间是否存在差异。

（3）分析工程项目成本出现问题的原因，确定经济责任的归属。

（4）对有关部门及人员的具体业绩进行评估。

（5）针对分析结果及产生的问题，采取切实有效的措施，改进成本计划指标。

第二节 电力工程成本过程管理

一、工程项目施工责任成本的确定

施工项目的责任成本也称项目施工责任总额，是由公司组织有关部门根据中标通知书、工程项目施工组织设计、企业施工预算定额、项目经理责任制、项目施工成本核算制等企业管理制度、市场信息等，根据工程不同的类别及特点，确定的项目施工成本的上限。项目施工责任成本是企业在划分经营效益和管理效益的基础上，以项目预计发生和控制为原则，将施工成本开支，经测算后以内部责任合同形式下达给项目经理部的施工成本控制总额，是项目经理部制订施工目标成本和进行成本管理的基础依据。因此，如何合理地确定项目施工责任成本是搞好项目施工成本管理的关键。

（一）工程项目责任成本的确定依据

（1）公司与客户签订的合同和相关文件。

（2）施工图预算或投标报价书。

（3）经公司生产技术部及客户、监理批准的施工设计。

（4）施工劳务分包合同、构件等外协加工合同。

（5）施工所在地的材料、设备等价格信息或规定。

（6）公司项目管理有关规定。包括项目经理部人员配备制度、工资制度、奖惩制度、现场临时设施规定、费用开支规定等。

（二）工程项目责任成本的确定

1. 人工费的确定

人工费的核算，应根据公司与分包单位签订的合同中的规定基数，采取定额人工×市场单价、平方米单价包干、预算人工费×（1+取费系数）等方法。零星用工可包含在单价内或按一定的系数包干。选用分包队伍及确定人工费用应通过招标确定。

2. 材料费的确定

材料费包括构成工程实体的材料费、周转工具费、辅助施工的低值易耗品等。

（1）主要材料费，主要指构成工程实体的消耗材料。

$$材料费 = \Sigma（预算用量 \times 单价）$$

$$预算用量 = 实际工程量 \times 企业施工定额材料消耗量$$

电力施工企业目前按照《电力建设工程预算定额》来确定施工定额材料消耗量。

材料单价目前有三种。一是当时当地的市场价格；二是当地工程建设造价管理部门发布的《材料价格信息》的中准价；三是预算定额中的计划价格。材料价格的确定应根据工程项目所处条件的不同，灵活运用。对于公司不集中供应的材料，如钢材、木材、水泥等材料一般采用工程投标或开工当月的市场价，结算时允许按施工过程中的《材料市场信息价格》中的市场价进行调整。水电、通风、弱电等地方供应的材料，一般以当地市场价为基础并考虑一定的风险系数确定。目前我市电力施工企业除商品混凝土外主材均采取集中供应、招标采购的办法。这种条件下材料费一般按预算定额的计划价格计算，项目经理部不承担价格风险。计划价格一般通过询价的方式获得。

（2）小型零星材料费（含水电费），主要指辅助施工的低值易耗品及定额中没有单列的小型材料，其费用可按定额含量乘以适当的降低系数包干使用或按经验数据测算包干。

（3）周转材料的降低是降低施工成本的重要方面。周转材料的确定有两种方法：一是按预算定额含量乘以适当的降低系数包干使用，降低系数可根据企业多年来的历史数据或类似工程的经验数据确定。二是根据施工方案确定计划用量，再根据计划用量与租赁单价的乘积来确定。

3.机械费的确定

机械费包括定额机械费和大型机械费。定额机械费主要指中小型机械费，如电焊机、弯管机、套丝机等。大型机械费主要包括运费及其安装、运输、拆除、基础制作等。

（1）定额机械费：由于数额不大，可根据实际工程量和《电力建设工程预算定额》中的机械费计取。

（2）大型机械费：大型机械费也是降低施工成本的重要方面，由于大型机械价值都较高，电力施工企业在满足电力施工资质要求设备的基础上大多采用租赁的形式。该费用应根据施工方案要求配备的数量、结合工程结构特点和工期要求，经综合分析后确定。

大型机械费 = 大型机械租赁费 + 大型机械进出场费、安拆费及基础费大型机械租赁费 = 租赁机械台数 × 租赁月数 × 月租赁费或大型机械租赁费 = 租赁

机械台数 × 台班数 × 台班单价大型机械进出场费 + 安拆费 + 基础费

按计划发生费用计算。安装工程一般包括起重机械、卷扬机、室外电梯等。

机械费一次确定，无特殊情况实际发生差异，不予调整。

4.其他直接费的确定

其他直接费包括冬雨季施工费、二次搬运费、生产工具用具使用费、检验试验费、保险费、工程定位复测费、场地清理费等。施工责任成本中的其他直接费的核定，应编制计划，列项测算。若列项测算有困难，也可以按现行施工图预算费用定额中的其他直接费，划分一定比例列入项目施工责任成本，即项目施工责任成本其他直接费 = 施工图预算其他直接费 × 比例系数

5.现场经费的确定

现场经费根据直接发生的原则一般包括临建设施费、管理人员工资、业务招待费、办公费、交通费等。

（1）临建设施费：根据工程规模、工期等要求，经工程部门审批的施工组织设计提供的临设平面图，由经营部按施工现场临设平面图计算临设费列入现场经费。

（2）管理人员工资：根据企业项目管理有关规定，按工程项目规模及项目管理要求，由人力资源部确定项目部组成人员，并按当前工资水平，确定月度工资总额，按合同工期计算工资总支出，该工资指项目部完成项目管理责任后应发放的工资，不含超额完成项目管理责任中施工成本降低率后提取的奖金。

（3）办公费和物料消耗：指为直接组织项目施工发生的办公费和物料消耗，可按工程规模和人均标准执行。

（4）交通费：指工地与公司之间的交通费和办理与工程有关事宜所需交通费，应按工程规模、地点、项目部人数确定。

（5）业务招待费：按工程规模和特点包干使用。

二、工程项目成本计划的编制

电力施工企业在工程项目施工过程中要通过有效的管理活动，使各种生产要素按照一定的目标运行，使工程的实际成本能够控制在预定的计划成本范围内。成本计划是目标成本的一种表达形式，是建立项目成本管理责任制、开展成本控制和核算的基础，是进行成本费用控制的主要依据。根据施工企业的特点，工程施工成本计划包括施工期内的项目施工成本总计划和月度成本计划。目标成本，即项目施工成本总计划确定的施工成本支出，是由项目

经理部组织有关人员根据工程实际情况和具体施工方案在责任成本基础上，通过先进管理手段和技术改进措施进一步降低成本后确定的项目经理部内部成本指标。项目施工成本总计划一般应在开工前制订，应具有一定的指导性和真实性。成本计划的精确与否、能否根据工程实际情况及时进行调整，是目标成本管理的关键。

（一）工程项目成本计划的编制依据、内容和方法

1.电力施工企业在编制项目成本计划时主要依据

（1）工程承包范围、发包方的项目建设纲要、功能描述书；

（2）工程招标文件、承包合同、劳务分包合同及其他分包合同；

（3）项目经理部与公司签订的责任成本书及公司下达的成本降低额、降低率和其他有关经济技术指标；

（4）承包工程的施工图预算、施工预算、实施项目的技术方案和管理措施；

（5）施工项目使用的机械设备生产能力及利用情况；

（6）施工项目的材料消耗、物资供应、劳动工资及劳动效率等计划资料及相关消耗量定额；

（7）同类项目成本计划的实际执行情况及有关技术经济指标的完成情况的分析资料；

（8）电力施工行业中同类项目的成本、定额、技术经济指标资料及增产节约的经验和措施。

2.成本计划的内容

根据承包工程范围的不同，项目成本计划所包括的内容也有所不同。例如，电力工程全过程总承包项目成本计划应包括勘查、设计、采购、施工的全部成本；设计、采购、施工总承包项目计划成本应包括相应阶段的成本。电力施工企业是电力工程项目的施工单位，因此其项目计划成本主要包含项目施工成本。项目施工成本是从项目工程成本中划分出来的由项目经理部负责的那一部分成本，项目施工总成本计划应按照招标文件的工程量清单确定。

项目成本计划一般由直接成本计划和间接成本计划组成。

（1）直接成本计划。主要反映项目直接成本的预算成本、计划降低额及计划降低率。主要包括项目的成本目标及核算原则、降低成本计划表或总控制方案、对成本计划估算过程的说明及对降低成本途径的分析等。

（2）间接成本计划。主要反映项目间接成本的计划数及降低额，在计划制订时，成本项目应与会计核算中间成本项目的内容一致。此外，项目成本计划还应包括项目经理对可控责任目标成本进行分解后形成的各个实施性计

划成本，即各责任中心的责任成本计划。

责任成本计划又包括年度、季度和月度责任成本计划。

3. 成本计划的编制方法

成本计划的编制方法一般有目标利润法、技术进步法、按实计算法等。目前较多采用按实计算法和技术进步法。技术进步法是以项目计划采取的技术组织措施和节约措施所能取得的经济效果为项目成本降低额，求得项目目标成本的方法。

（二）成本计划的编制过程

编制成本计划时，首先由项目成本管理人员根据施工图纸计算实际工程量，然后由项目经理、项目工程师、项目会计师、成本管理人员根据施工方案和分包合同确定计划支出的人工费、材料费和机械使用费等费用。项目成本计划编制程序如下。

1. 收集和整理资料

收集编制成本计划的资料，对其进行加工整理，深入分析项目的当前情况和发展趋势，了解影响项目成本的因素，研究降低成本克服不利因素的措施等。

2. 确定目标成本

目标成本即项目施工阶段的计划成本，是项目施工成本总计划确定的施工成本支出。目标成本应根据不同阶段管理的需要，在各项成本要素预测和确定施工责任成本的基础上进行编制，并用于指导项目施工过程的成本控制。

（1）准备阶段应在企业内部进行投标过程传达和合同条件分析的基础上，确定项目经理部的可控责任成本，该成本作为考核项目经理成本管理绩效的依据，应符合其责任与授权的可控范围。

（2）项目经理到任后，应在组织编制项目管理实施规划的基础上，编制各项实施性的计划成本，用以指导项目的资源配置和生产过程的成本控制。项目经理在编制实施性计划成本时，需要将其可控责任成本分解，层层落实到各个相关部门、施工队伍和班组，分解的方法大多采用工作分解法。

（3）成本计划的编制要充分考虑不可见因素、工期制约因素及风险因素、市场价格波动因素，结合在计划期内准备采取的增产节约措施，最终确定目标成本，并综合计算项目目标成本的降低额和降低率。

3. 编制成本计划草案

各职能部门应认真讨论项目经理下达的成本计划指标并及时反馈信息，在总结上期成本计划完成情况的基础上，考虑完成成本计划的不利和有利因素，制订保证本期计划执行的具体措施，并尽可能地将指标分解落实下达到各班组及个人，形成成本计划草案。

4.综合平衡，编制正式的成本计划

从全局出发，对各部门实施性成本计划之间进行综合平衡，使其相互协调、衔接，最后确定正式的成本计划。

（三）目标成本的确定

运用技术进步法来确定目标成本应附有具体的降低成本措施，目前各成本要素目标成本的确定如下。

1.人工费目标的确定

在项目施工成本管理中，应通过加强预算管理、签证管理和分包管理确保工程量不漏算、分包支出不超付。

目标成本人工费＝项目施工责任成本中的人工费×（1－降低率）

人工费降低率由项目部组织人员共同确定。

2.材料费目标成本（不含周转材料）确定

材料费种类多、数量大、价值高，是成本控制的重点和难点，材料费目标成本的确定一般有以下两种方法。

（1）加权平均法：由预算员根据图纸工程列出材料清单。由项目经理、材料员、施工员对材料逐一审核，逐一审定降低率。审定降低率时要从材料价格和数量两种降低途径上综合考虑，对某些材料若经论证可代换且用量或价格能够降低时，应予以代换。要严格控制供应商，通过招投标、对采购人员进行岗位成本责任考核等办法降低采购价格，采用加权平均法确定总的材料成本降低率。

（2）综合系数评估法：根据以前类似工程中的材料用量及降低率水平，本着合理选用的原则，根据经验系数确定材料成本降低率，可采取分别估计，取其平均值的办法。

3.机械费目标成本确定

（1）定额机械费目标成本：首先根据施工方案，确定或预测项目工程所需的小型机械、小型电动工具，其次确定使用期限、租赁单价或购置费用。根据以往经验确定修理费。进行汇总计算，计算结果与预算收入相比较后得出定额机械费的成本降低率。

（2）大型机械费：确定方法基本同定额机械费目标成本的确定。根据施工方案确定实际需要配置的数量，根据租赁费确定计划支出，即目标成本。

定额机械费和大型机械费的和即为机械费的目标成本。

4.其他直接费的目标成本

其他直接费因数额较小，且因项目发生的其他直接费中有些人工、材料、机械费，因细分有困难，统归入人工费、材料费、机械费中。只有如试验费、竣工清理费等单独列入其他直接费，其降低率可根据经验估计。

以上费用的总和是初步确定的目标成本。计算出的目标成本必须确保项目施工责任成本降低率的完成。如果完不成指标应通过加快工具周转、缩短工期、采用新技术等办法予以解决。目标成本的制定必须附有具体的降低成本措施。

项目目标成本确定后可以作为项目部岗位人员的成本责任，和签订项目经理部内部岗位责任合同的经济责任指标。同时，目标成本也是平时进行项目施工成本控制的依据和制订月度施工成本计划的基础。对于项目施工成本管理而言，目标成本是项目施工成本管理的纲要，是制定有关管理措施和成本降低措施的重要依据。

（四）月度项目施工成本计划分解与调整

月度项目施工成本计划是项目进行成本管理的基础，属于控制性计划，是进行各项施工成本活动的依据。它确定了月度施工成本管理的工作目标，也是对岗位人员进行月度岗位成本指标分解的基础。月度项目施工成本计划是根据目标成本确定的月度成本支出和月度成本收入，并按构成成本的要素进行编制。成本收入的确定与责任成本、目标成本一致。成本支出与实际发生数一致，包括月度人工费成本计划、材料费成本计划、机械费成本计划、其他直接费用成本计划、临设费、项目管理费、安全设施成本计划等。成本计划的编制过程及方法在施工成本总计划中已经论述，此处不再重复。

1.月度项目施工成本计划的分解

成本计划是根据构成成本的要素进行编制的，但实际进行成本管理是按岗位进行划分的。因此，对按成本构成要素编制的月度成本计划，还要按岗位责任进行分解，作为进行岗位成本责任核算和考核的基础依据。

2.月度施工成本计划的调整

在计划执行的过程中，要保证成本计划的严肃性。一旦确定要严格执行，不得随意调整。但由于成本的形成是一个动态过程，在实施过程中由于客观条件的变化，可能会导致成本的变化。因此，在这种情况下，若成本计划不及时调整，会影响成本核算的准确性，为保证成本计划的准确性，就应及时进行调整。需要调整成本计划的情况一般有以下几种。

（1）公司对项目责任成本确定办法进行更改时。由于核定办法的改变，必然导致目标成本的改变。而根据目标成本编制的月度施工成本计划必然要进行调整。这种情况主要是市场波动，材料价格变化较大，对成本的影响较严重时才会出现。

（2）月度施工计划调整时。由于工程进度的需要，增加施工内容或由于材料、机械、图纸变更等影响，原定施工内容不能进行而对施工内容进行调整时，在这种情况下，就需要对新增或变更的施工项目按成本计划的编制原则和方法重新进行计算，并下发月度成本计划变更通知单。

（3）月度施工计划超额或未完成时。由于施工条件的复杂性和可变性，月度施工计划工程量与实际完成工程量是不同的，因此，每到月底要对实际完成工作量进行统计，根据统计结果将根据计划完成工作量编制的月度成本计划调整为实际完成工作量的成本计划。

三、电力工程项目施工成本过程控制管理

项目施工成本的过程控制，通常是指在项目施工成本的形成过程中，对形成成本的要素，即施工生产所耗费的人力、物力和各项费用开支，进行监督、调节和限制。及时预防、发现和纠正偏差，从而把各项费用控制在计划成本的预定目标之内，以达到降低成本、保证生产经营的目的。

（一）工程项目施工成本过程控制的原因

工程项目的成本控制贯穿于工程建设自招投标阶段到竣工验收的全过程。由于电力工程项目自身的特点，因此，对电力工程项目成本进行过程控制有利于成本的降低和电力工程项目成本管理的持续改进。强调电力工程项目成本过程控制是由电力施工项目的一般特点决定的。

1. 电力施工项目具有一次性和单件性

电力施工项目作为一次性事业，其生产过程具有明显的单件性。施工项目活动过程不可逆，也不重复，它带来了较大的风险性和管理的特殊性。

2. 电力施工生产具有特殊性

施工项目的地点固定、体型庞大和结构复杂导致了施工中各种生产要素的流动性、所需工种多和施工组织复杂。此外，施工周期长、作业条件恶劣，易受气候、地质条件等影响也都直接影响成本的高低，给电力施工项目的成本管理带来种种困难。因此，对于具有上述特点的电力工程项目成本来说，应该特别强调项目成本的过程控制，尤其是施工阶段成本的过程控制。

（二）工程项目施工成本过程控制的前期工作

为实现过程控制需要做好以下工作：

1.开工前搞好成本预测，明确成本目标

在工程开工前，组织相关人员了解当地市场的实际情况，再根据中标价比较计划成本和责任成本，再按照中标价、当地货源及启用队伍情况由公司下达责任成本书，确定责任成本目标。

2.优化施工方案和资源配置

在开工进场后，有关部门根据投标后与用户签订的合同的工期及现场的具体情况配置资源。正确选择施工方案是降低成本的关键所在，不同的设计及施工方案就有不同的生产成本，在满足合同要求的前提下，根据工程的规模、性质、复杂程度、现场条件、装备情况、人员素质等提出科学的方案和措施。利用网络技术编制施工进度计划及实行进度控制，合理进行人力、机械设备、资金的配置，以保证最终达到最优的质量、安全和最低的合理成本。

3.进行项目施工成本的分解

确定具体项目的人工、材料、机械、现场经费（包括管理人员工资、办公费、通讯费、差旅费等）的消耗量，作为施工时各项目的具体控制目标，并将此控制目标分发至相应的岗位。

（三）工程项目施工成本过程控制的方法

成本控制的方法很多，应该说只要满足质量、工期、安全，能够达到成本控制目标的都是好方法。但是在不同情况下，不同的控制内容，应采用不同的控制方法。目前主要有以下几种控制方法：

1.以目标成本控制成本支出

在项目施工的成本控制中，可根据项目经理部制定的目标成本控制成本支出实行以收定支或者叫"量入为出"，这是最有效的方法之一。

2.以施工方案控制资源消耗

在企业中资源消耗的货币表现大部分都是成本费用。因此，资源消耗的减少，就等于成本费用的节约，控制了资源消耗，也就控制了成本费用。具体方法步骤是：

（1）在工程项目开工前，根据施工图纸和工程现场的实际情况，制定施工方案，包括人力物资需用计划、机具配置方案等，以此为指导和管理施工的依据。在施工过程中，如需改变施工方法，则应及时调整施工方案。

（2）组织实施。施工方案是进行工程施工的指导性文件，但是，针对某一项目来说，施工方案一经确定，则应是强制性的。有步骤有条理地按施工方案组织施工可以避免盲目性，可以合理配置人力和机械，可以有计划地组织物资进场，从而做到均衡施工，避免资源闲置或积压造成浪费。

（3）采用价值工程，优化施工方案。对同一工程项目的施工，可以有不同的方案，选择最优方案是降低成本的有效途径。采用价值工程，可以解决施工方案优化的难题。价值工程又称"价值分析"，是一门技术与经济相结合的现代化管理科学。应用价值工程，既要研究技术又要研究经济，研究在提高功能的同时不增加成本或在降低成本的同时不影响功能，把提高功能与降低成本统一在最佳方案中。在施工过程中主要是寻找实现设计要求的最佳施工方案，即对资源利用最合理的方案。因其理论水平要求不高，目前电力施工企业较多采用此方法。

3. 工期一成本同步分析法

长期以来，国内的施工企业编制进度计划是为了安排施工进度和组织施工服务，很少与成本控制结合。而实际上成本控制与进度控制之间有着必然的同步关系。因为成本是伴随着工程进展而发生的。如果成本与进度不对应，说明项目进展中出现了虚盈或虚亏的不正常现象。施工成本的实际开支与计划不相符，往往是由两个因素引起的：一是在某道工序上的成本开支超出计划；二是某道工序的施工进度与计划不符。因此，要想找出成本变化的真正原因、施工良好有效的成本控制措施，必须与进度计划的适时更新相结合。具体有以下三种方法：

（1）网络计划的进度与成本的同步控制。网络计划在施工进度的安排上具有较强的逻辑性，在破网后可随时进行优化和调整，因此，对每道工序的成本控制也更为有效。

（2）利用赢得值原理图（进度费用曲线图）进行成本控制。利用赢得值原理图（进度费用曲线图）是对项目进行费用/进度综合控制的一种图形表示和分析方法。美国于20世纪70年代开发成功并首先用于国防工程，由于它在实际中的成功，国际工程承包业的业主出于自身利益的考虑，在选择工程公司时把能否运用赢得值原理进行项目管理和控制作为资格审查和能否中标的先决条件之一。

（3）挣值法。挣值法是对工程项目成本/进度进行综合控制的一种分析方法。通过比较已完工程预算成本（Budget Cost of the Work Performed，BCWP）与已完工程实际成本（Actual Cost of the Work Performed，ACWP）之间的差值，可以分析由于实际价格的变化而引起的累计成本偏差，并通过计算后续未完工程的计划成本余额，预测其尚需的成本数额，进而为后续工程施工的成本、进度控制及寻求降本挖潜途径指明方向。

（四）工程项目施工成本过程控制的内容

1.人工费的控制

人工费的控制包括内部人工费和外部人工费的控制。如果没有外包工程，则人工费的控制仅包括内部人工费的控制。内部人工的管理与控制受到多方面因素的影响，如施工计划的安排、施工工艺的水平、施工人员的工作态度等都直接影响人工费的高低。要控制好内部人工费首先要合理安排施工进度，优化人力资源配置，最大限度地减少人力浪费。其次要加强施工人员的培训，提高施工人员的技术水平和施工效率。外部人工费的控制。在企业与业主的合同签订后，应根据工程特点和施工范围确定劳务队伍。劳务分包队伍一般应通过招投标方式确定。零星工程一般情况下，应按定额工日单价或平方米包干方式一次包死，尽量不留活口，以便管理。在施工过程中，就必须严格的按照合同核定劳务分包费用，严格控制支出，并每月预结一次，发现超支现象应及时分析原因。同时在施工过程中，要加强预控管理。

2.材料费的控制

对材料费的控制主要是通过控制消耗量和进场价格来进行的。

（1）材料消耗量的控制。

①材料需用量计划的编制适时性、完整性、准确性控制。在工程项目施工过程中每月应根据施工进度计划，编制材料需用量计划。计划的适时性是指材料需要计划的提出和进场要适时。材料需用量计划至少应包括工程施工两个月的需用量，特殊材料的需用计划更应提前提出。材料需用计划不应该只是提出一个总量，各项材料均应列出分时段需用数量。材料进场储备时间过程，必定要占用的仓储面积增大，材料保管损耗也会增加，材料成本就会增加。计划的完整性是指材料需用量计划的材料品种必须齐全。材料的型号规格、性能、质量要求等要明确，避免采购失误造成损失。计划的准确性是指材料需用量的计算要准确，绝不能粗估冒算。

②材料领用控制。材料领用的控制一般通过实行"限额领料"来控制。包括施工员给班组签发领料单的控制和材料员依据材料需用计划对领料单的控制。月底对材料使用情况进行盘点，与月初计划相比，超额领料应及时查明原因。施工过程若有材料富余，应及时办理材料退库手续，避免材料浪费。此外，施工现场对材料的使用应做到工前有安排、工中有负责、工后有清理，可重复利用的材料要做好回收与保管，切实做到物尽其用。

③材料计量的控制。利用长度的材料，如型钢等，质量必定超用。因此，计量器具要按 ISO 9001 质量管理体系的要求，对计量器具定期检查、校正，使之处于受控状态，计量过程、计量方法必须受控。

④工序施工质量控制。工程施工前道工序的施工质量往往影响后道工序的材料消耗量。比如，管线预埋阶段，管口不进行封堵就会造成混凝土渗入，穿带线不能穿入管内，重新更换管路，就会增加管路敷设穿线工程量。因此，必须做好隐蔽工程的检查，避免返工，增加材料消耗量。

（2）材料进场价格控制。材料进场价格控制的依据是工程投标时的材料报价和市场信息。材料的采购价加运费构成了材料的进场价，应尽量控制在工程投标时的材料报价内。由客户提供的材料，采购的市场风险已由客户承担，那么这方面的材料成本控制主要体现在材料的使用和管理上。自行采购的材料，采购前应进行市场调查，并建立材料采购招标制度，对采购方式、厂家选择、材料价格、材料质量、材料数量等多方面进行控制，实行层层监督，选用物美价廉的产品，从源头上防止材料成本过高。对需要采购的材料，事先列出名称、规格、型号、数量等具体要求，采购入库后，应及时将其单价与投标报价时的单价相对比，按月统计材料采购超支费用或盈余金额，以便对材料成本进行分析，把好材料成本控制的第一关。材料的购买、运输、存放及领用过程要有一定的流程安排，尽量减少材料转运次数，降低材料运输、保管费用。

3. 机械使用费的控制

施工机械所耗费的费用是施工直接成本的重要部分，随着工程建设规模的扩大和技术的进步，施工机械化的程度也在日益提高，因此施工机械选配是否合适及其性能、状态，对施工方法的选择、施工进度的安排和施工质量的优劣有着直接的影响，从而对施工成本产生重要的影响。施工机械也分为自有和租赁两部分：对自有机械设备应建立施工机械严格的使用和保养制度，做到定人定岗，保证设备高效运转，操作人员必须经过严格的培训和考核才能上岗。施工设备是否按施工计划处于高效的运行状态，并在保证施工的前提下，降低油料消耗和机械磨损，这些都对操作人员的素质有很高的要求，也直接影响机械成本的控制。做好机械设备的维护是设备正常运转的保障，在设备原值一定的情况下，如果能合理使用，做好平时的管理和维护，延长设备的使用寿命，能有效地降低成本，提高设备的效益指数。租赁机械设备：凡是在目标成本中单独列出的租赁机械，在控制时应按使用数量、使用时间、使用单价逐项进行控制。

4. 现场经费的控制

现场经费包括项目经理部管理人员的工资、奖金、临时设施费、交通费、业务费等，现场经费内容多，人为因素多，不易控制，在保证工程按合同施工的前提下，控制好这部分费用开支也是工程项目成本中的重要内容。可以采取如下措施控制现场经费支出：提高项目管理人员素质，尽可能保持项目管理机构精干、高效，以控制管理人员数量、降低工资性支出；精心筹划、合理组织施工设备、人员、物资的进退场，尽可能节约进退场的费用支出；对差旅费等不易控制的费用可实行包干，对不宜包干的项目可通过建立严格的审批手续来控制。

第三节 电力施工项目目标成本控制

一、目标成本控制的概念、特点及原则

（一）目标成本管理的概念

目标管理在 20 世纪 50 年代中期出现在美国，是由美国著名管理学家彼得德鲁克首先提出的，以泰罗的科学管理和行为科学理论（特别是其中的参与管理）为基础形成的一种现代管理制度。

目标成本管理最早产生于美国，后来传入日本、西欧等地，并得到了广泛应用。日本将目标成本管理方法与本国独特经营机制相结合，形成了以丰田生产方式为代表的成本企划。在 20 世纪 80 年代，目标成本管理传入我国，先是机械工业企业扩展了目标成本管理的内涵与外延，实行全过程的目标成本管理；到 90 年代，形成了以部钢经验为代表的具有中国特色的目标成本管理。在现代化的施工项目管理中，目标管理方法以其针对性、实用性和先进性被广泛采用，而且特别适用于对主管人员的管理，所以被称为"管理中的管理"。现如今已在我国许多企业中应用，并被实践证明这是一种有效的科学管理方法。

目标成本管理是为了保证目标利润的实现而确定的在一定时期内其营业成本应控制的限额，或者说事先确定的经过努力可以达到的成本奋斗目标。目标成本管理始于产品生产之前，在产品开始循环的早期就对成本进行规划，而不像传统的成本管理方法那样在成本实际发生之后再进行控制。这是一种适用于企业内部的约束性指标，具有先进性、科学性和群体性，是企业降低成本的有效途径。它以实现目标利润为目的，以目标成本为依据，对企业经营活动过程中发生的各种支出进行全面的管理。可以说，目标成本管理是企业降低成本、增加盈利和提高企业管理水平的有效方法。

（二）目标成本管理的特点

目标成本管理是目标管理与成本管理的统一，它具有以下特点：

1. 以为本

人是管理的核心和动力，没有人的积极性，任何管理工作都不可能搞好。以人为本的成本管理是目标成本管理最重要的特征之一。

2. 严密性

管理的封闭原理告诉我们，管理活动构成连续封闭的回路，对于形成有效的管理活动是非常有利的，它在很大程度上影响管理效能的高低。在目标成本管理过程中，以预定的效益为目标，又以效益目标达成程度为评价工作绩效的依据，"确定目标，层层分解""实施目标，监控考核""评定目标，奖惩兑现"，这三大环节形成一个紧密联系的封闭的成本管理系统，为目标成本管理取得高效能创造了重要条件。

3. 未来性

目标成本管理要求企业的成本管理必须有明确的奋斗目标和控制指标，把成本管理工作的重点放在企业未来成本的降低上，围绕成本的降低扎扎实实地开展成本经营工作，通过对成本发生和费用支出的有效控制，保证成本目标的实现。

4. 前瞻性

目标成本管理要求企业在进行成本管理时必须事先对成本进行科学预测和可行性研究，制订正确的成本目标，并依据成本目标进行成本决策和目标成本管理，制定最优的成本方案和实施措施，预先考虑到成本变动的趋势和可能发生的情况，提前做好准备和安排，采取妥善的预防性措施，把成本的超支和浪费消灭在发生之前。

5. 全面性

目标成本管理要求企业的成本管理必须建立在全环节、全过程、全方位和全员参加的成本控制网络上。

6. 系统性

目标成本管理要求企业在成本管理中，要以系统论的原理来指导成本经营工作。目标成本是企业系统整体功能作用发挥的必然结果，要实现目标成本，就要协调好企业内部各子系统、各要素之间的生产关系和人际关系，处理好它们之间成本发生、转移的相互制约和相互保证关系，保证各个系统要素对成本控制作用的充分发挥。

7. 效益性

目标成本管理要求企业在成本管理中，必须把提高或保证资本最大增值盈利作为目标成本管理的出发点和归宿。因此，目标成本管理工作必须以提高经济效益为指南，注重成本效益分析，把提高资本增值效益放在突出位置，用经济效益作为评价各部门、人员成本管理工作绩效的标准。

8. 综合性

目标成本管理是一种综合性的成本经营，能够综合地运用各种成本管理理论和方法，吸收和利用这些理论和方法来为目标成本管理服务，保证目标成本的实现。与全面成本管理、责任成本管理、作业成本管理、质量成本管理、功能成本管理、定额成本管理、标准成本管理等有机结合起来；引进经济数学模型，使目标成本实现定量化；运用电子计算机技术，建立成本信息反馈系统，使目标成本管理手段现代化等。

（三）目标成本管理的原则

对目标成本的控制必须遵循一定的原则，才能充分发挥成本控制的作用。如果成本控制没有原则，不仅不能控制成本，而且会造成混乱，挫伤职工的积极性。在推行目标成本管理的过程中，主要应把握以下几个原则。

1. 全员及分级控制原则

成本控制必须是通过全体员工来完成的。成本是一个综合性指标，涉及企业所有部门、项目经理部、施工队组等。因此，要求企业人人、事事、处处都要有成本控制意识，按照定额、限额、计划等进行管理，从各方面各层次堵塞漏洞，杜绝浪费，形成一个成本控制网。

2. 全过程动态控制原则

成本控制的对象贯穿成本形成的全过程，它包括施工组织设计、劳动组织、材料供应、工程施工、工程移交等各个方面。只有对全过程进行控制，才能促进各项降本措施得到贯彻落实，达到预期目标。

鉴于施工项目的一次性特点，过程控制又必须是动态的。由于施工准备阶段的目标成本主要是依据上级要求和施工组织设计的内容来确定的，当竣工阶段的成本核算造成了成本盈亏，或发生偏差，是来不及纠正的。因此，项目经理部应把成本控制的重点放在过程的动态控制上。

3. 计划调整加严原则

在实施目标成本管理和控制时，只有按照目标成本计划内容实施的，才可由各部门在工作职责范围内逐项处理。但对成本差异金额数较大的事项（如工资、奖金、办公费、差旅费），以及对单项目标成本超计划使用的必须经过规定的手续由专人审批，并对成本目标计划进行调整。

4. 权责明确原则

遵循目标成本管理的权责明确原则，谁实施、谁控制、谁负责，将设定的分项成本与施工管理的基本分工统一起来，力求实现谁组织施工，谁控制消耗，谁对受控内容的结果负责。

5.成本责任区域原则

设定项目目标成本多个成本责任区域，力求做到在责任区域内，施工管理、消耗控制、成本核算三位一体，实施集成管理。

6.目标成本可分解原则

对构成实物量的责任区域明确测算到分部、分项，便于项目部相关人员将局部控制和总体控制统一起来。

二、目标成本管理的内容

目标成本是企业在建立目标管理体制的情况下，在工程项目开始施工之前，为人工、材料、机械设备等工程项目预先制定的成本。在施工企业中，企业根据工程中标价先预测出项目部责任成本（公司的目标成本），然后项目部根据责任成本编制项目部施工成本计划进行成本控制。目标成本是企业成本管理的重要内容，制订合理的目标成本是进行成本控制的基础。目标成本与实际成本相比较，可以查明施工过程中发生的不利差异，通过对不利差异进行分析可以加强成本控制。

推行目标成本管理，应结合经济责任制，将总的成本目标层层分解，落实到部门、班组和个人。目标成本管理包括目标成本预测、决策、分解、落实、核算及目标成本分析、控制、考评等内容。

（一）成本目标制订

目标成本管理，首先是制订成本目标，按照科学性原则，充分掌握资料，即进行市场预测、销售量预测、利润预测和成本预测、搜集有关历史资料和企业当前有关生产能力等资料。在充分掌握资料的基础上，进行加工处理、形成对决策有用的资料；再进行成本决策分析，提供各种备选方案，进行成本决策，确定优化方案。方案一旦确定，就应该以该方案为基础，进行目标成本的分解和落实，最后形成目标成本计划，作为执行的标准。

（二）目标成本执行

目标成本下达到项目部后，项目部要按公司规定划分成本责任区域，将目标成本分解并落实到相关责任人身上，细化分工可以结合项目自身的特点自行寻找合适的方法。成本目标如果不能及时落实到责任人身上，过程控制就没有依据，就不可能有效展开，也就起不到控制成本的作用。项目的成本核算和控制要围绕目标的实现来运作，从流程和制度上强制性地将消耗核算和控制纳入目标成本管理的轨道，以保证目标成本管理的有效推进。

（三）目标成本核算

目标成本核算是对目标成本执行过程中实际发生的成本进行核算，为企业外部的宏观管理和企业内部的微观管理和控制提供依据。过程核算是目标成本管理最重要的环节，项目部通过对目标和实耗数据的不断对比分析，及时发现过程中存在的问题，并分析原因上报公司，确保项目成本处于受控状态，真正实现项目成本从事后控制向事前和事中控制的转变。公司根据各项目反馈的问题，不断调整、完善，逐渐形成一套完善的公司内部目标成本管理体系。

（四）目标成本分析与考核

目标成本分析包括事前的预测分析、事中的控制分析和事后的业绩分析。为目标成本的预防控制、过程控制、反馈控制，以及考核评价提供充分客观的依据。根据目标成本执行结果和详细的分析资料，对各层次的目标责任者，按照目标责任制的要求和标准进行自我评价和逐级考核，肯定成绩发现不足，为进一步加强目标成本管理创造条件。

三、电力施工目标成本管理

（一）确定目标成本

根据项目合同条款、施工条件、各种材料的市场价格等因素，测评该项目的经济效益。施工组织设计的编制，在不断优化施工技术方案和合理配置生产要素的基础上，通过人、材、机消耗分析和制定节约措施之后，制订现场的目标成本。目标成本的测算方式应与施工现场实际的施工组织形式相一致，并且其成本总额应控制在责任目标成本范围之内，并留有余地。

为了确定合理的目标成本，可根据企业自身的管理水平和技术力量、材料市场价格变化等因素进行分析，也可制定内部施工定额。同时还要编制施工管理费支出预算，严格控制分包费用，避免效益流失，避免"低进高出"，保证项目获得预期效益。目标成本测算分为工程实体性消耗测算及非实体性消耗测算。实体性消耗主要是直接构成工程本体的消耗，如施工过程中消耗的构成工程实体的原材料、辅助材料、构配件、零件、半成品等费用，遵循定额量、市场价的测算。

而非实体性消耗是指不直接构成工程本体，但在施工过程中必须发生的那部分消耗量，主要包括人工费、模板及脚手架费、机械费、临设费、现场经费、工程水电费等几大部分。这部分成本的测算与工程施工组织设计及施工现场情况关系密切，应依据已施及在施工程积累的资料并结合市场因素统一制定。比如，临时设施费就包括生活用房、生产用房、临时通信、室外工程（包括道路、停车场、围墙、给排水管道、输电线路等）的费用，与现场的实际情况密切相关，应按实际需要进行测算。

而非实体性消耗是指不直接构成工程本体，但在施工过程中必须发生的那部分消耗量，主要包括人工费、模板及脚手架费、机械费、临设费、现场经费、工程水电费等几大部分。这部分成本的测算与工程施工组织设计及施工现场情况关系密切，应依据已施及在施工程积累的资料并结合市场因素统一制定。比如，临时设施费就包括生活用房、生产用房、临时通信、室外工程（包括道路、停车场、围墙、给排水管道、输电线路等）的费用，与现场的实际情况密切相关，应按实际需要进行测算。

（二）电力施工项目目标成本执行

成本计划的执行过程，实际上就是工程项目从开工到竣工的生产过程，成本计划执行过程中的管理是对照成本计划进行日常控制。其主要内容包括生产资料耗费的控制、人工消耗的控制和现场施工进度、质量、安全的控制，以及其他管理费用的控制等。施工阶段成本控制的重要一环就是要科学地组织建设，正确地处理造价和工期、质量的辩证关系，以提高工程建设的综合经济效益。

1.加强业内管理，树立全员的经济意识

在项目施工过程中，强化经济观念、树立全员经济意识、狠抓思想作风、注重廉政建设是十分必要的，以节约现场管理费用、精简管理机构、提高工作质量和效率。目前电力施工企业的成本意识还很薄弱，是导致其成本控制不力的一个重要方面。所以项目管理部要加强宣传与培训提高全体员工的成本概念和经济意识，强化索赔意识，抓好索赔工作，找准索赔的切入点，抓住在规定时间内提高索赔的详细额外费用计算清单和资料。同时加强内业管理作为成本计划执行过程中管理的重要环节之一，要求项目管理部具体做到如下工作。

（1）做好图纸会审。在工程项目开工时，认真做好图纸会审工作。在图纸会审时对结构复杂、施工难度高的项目，要认真仔细看透图纸，从方便施工、有利于加快工程进度、确保工程质量又能降低资源消耗、增加工程造价等方面考虑，积极提出修改意见。

（2）优化施工组织设计。对施工组织设计进行细化优化，选择适合的施工机具，满足施工的同时又不失经济性。

（3）布置施工图。合理调度周转材料，精心布置现场施工图；合理分配工作面，既能加快工程进度，又能确保工程质量。

（4）编制施工方案。编制出技术上先进、工艺上合理、组织上精干的施工方案。

（5）落实管理责任。项目管理部应严格按照合同条款严抓质量、安全、进度，将施工现场技术管理人员责任到人。

（6）按时编制报表。按合同约定按时编制进度计划和进度款报表。

（7）及时办理签证。对于工程变更，应及时出具工程变更联系单并请监理、甲方签证工程量及价款。由于不可抗力影响，导致工程停工应及时进行工期签证。由于开发商原因造成工期延误及损失应及时办理书面签证手续。

2.控制材料和机械设备成本

在项目生产过程中，材料成本和机械设备使用占整个工程成本的60%左右，有较大的节约潜力。往往在其他成本出现亏损时，要靠材料的节约来弥补。从目标成本管理角度对电力施工成本管理过程中设备材料控制的要求有以下几点。

（1）建立完善的采购和收发制度。建立完善的采购和收发制度十分必要，一般在不影响正常施工的前提下，减少材料储存量，以加速资金周转。

（2）严格材料采购程序。材料采购应通过市场调查，论质比价；对于耗量大、价款总额较大的材料应采取招标方式，公开竞价，择优选定。这样既有利于保证质量，又有利于杜绝暗箱操作和腐败现象。

（3）强化现场材料管理。要加强现场管理，合理堆放材料；严格收发料制度，进场要认真点验、保质保量，发料要严格按照计划发放，做到账物相符，台账清楚。对周转材料，实行限额领料；对余料坚持回收和废物再利用。

（4）合理配备机械设备。设备管理部门要根据工程质量、进度和设备能力的要求，合理地配备机械，外租机械设备，如塔吊、吊车、发电机、施工电梯等，分别采取按台班、按工作量或包月等不同的租赁形式进行租用，按油料消耗定额进行抽查。

（5）严格机械设备使用制度。合理安排机械设备的进、退场时间，合理调度和充分利用机械设备，提高利用率。合理使用自备机具，减少机具闲置。对于机械设备应建立日常定期保养和检修制度，确保机械设备完好，杜绝机械事故的发生，努力降低机械使用成本。

3.强化分包成本控制

针对电力施工项目对分包商管理不到位的问题，应当对加大分包队伍的资质及实际施工能力的审核。要尽可能地选择有竞争力的、有信誉和诚信的分包队伍，并逐渐将劳务队伍进行专业化培养。对分包商成本的控制在管理层与劳务层两层分离的条件下，项目管理部与施工队之间需要通过劳务合同建立发包与承包的关系。在合同履行过程中，项目管理部有权对施工队的进度、质量、安全和现场管理标准进行管理，同时按合同规定支付劳务费用。电力企业在实施目标成本管理过程中要从以下几个方面加强对分包商的成本控制。

（1）工程量和劳动定额的控制。项目管理部与施工队的发包和承包，是以实物工程量和劳务定额为依据的。在实际施工中，由于业主变更使用需要等原因，往往会发生工程设计和施工工艺的变更，使工程数量和劳动定额与劳务合同互有出入，需要按实际调整承包金额。对于上述变更事项，一定要强调事先的技术签证，严格控制合同金额的增加；同时，还要根据劳务费用增加的内容及时办理增减账，以便通过工程款结算，从甲方那里取得补偿。

（2）估、点工成本控制。由于电力施工的特点，施工现场经常会有一些零星任务出现，需要施工队去完成。而这些零星任务，都是事先无法预见的，只能在劳务合同规定的定额用工以外另行估工或点工，这就会增加相应的劳务费用支出。

（3）坚持奖罚分明的原则。项目建设的速度、质量、效益，在很大程度上都取决于施工分包商的素质和在施工中的具体表现。因此，项目管理部除要对分包商加强管理以外，还要根据施工队完成施工任务的业绩，对照劳务合同规定的标准，认真考核，分清优劣，有奖有罚。在掌握奖罚尺度时，首先要以奖励为主，以激励施工队的生产积极性；但对达不到工期、质量等要求的情况，也要照章罚款并赔偿损失。这是一件事情的两个方面，必须以事实为依据，才能收到相辅相成的效果。

（4）落实生产班组的责任成本。生产班组的责任成本就是电力施工项目的分部分项工程成本。其中实耗人工属于施工队分包成本的组成部分，实耗材料则是项目材料费的构成内容。因此，分部分项工程成本既与施工队的效益有关，又与项目成本不可分割。生产班组的责任成本，应由施工队以施工任务单和限额领料单的形式落实给生产班组，并由施工队负责回收和结算。在任务完成后的施工任务单结算中，需要联系责任成本的实际完成情况进行综合考评。

4.进行质量、安全、工期、成本综合管理

"企业是利润中心，项目是成本中心。"电力施工企业要想从工程项目的建设中获得利润，必须在保证安全、质量和工期的前提下，严格实行成本控制。

管理者要找到质量成本最低的理想点，既要保证施工质量达到设计及规范要求，又要尽可能降低工程成本。加强质量控制、有效提高产品质量是企业生存的根本，一旦发生质量事故，要返工，从而增加材料用量，拖延工期。

安全是职工的生命。项目的生产，首先要加强防患意识，保证建筑物的安全，保证参加工程建设的施工人员的人身安全，避免安全伤亡事故所造成的不必要的损失。对于安全生产的每一项工作，都必须按照"开工前安全技术交底、作业面安全措施落实、施工过程安全文明检查、工完料尽场地清、完善成品保护"的程序化施工。

工期管理也是合同管理的环节之一，一般来说，工期短，成本小，但当工期缩短到一定限度时，再要缩短工期，所采取措施的成本则会急剧上升。合理安排工期，对工程成本也会产生较大的影响，如随着工期的缩短，直接费会增加，而间接费会减少。因此，不能盲目地缩短或延长工程的总工期，要在合理组织施工的前提下科学地安排工程的施工工期，确定工程施工的关键路径及所要确保的主要节点目标，保证技术资源配置及组织协调，以质量保工期、以安全保进度。

5. 建立施工项目信息管理系统

随着计算机应用软件的迅速发展，人们越来越认识到其重要性，并将其运用到生产实践中。目前，在国内已开发出不少用于项目管理的软件，而且还有专门用于成本控制及管理的软件，这样不仅可大幅提高管理人员的工作效率，而且在辅助管理人员进行设计、决策管理方面也起到了十分重要的作用。因此充分利用和发挥计算机在成本管理中的作用，可提高预测的准确性、控制的及时性，提高传输效率和资源共享利用率。

根据电力施工企业的特点，施工工程项目建设规模大、布局分散、涉及部门广、信息庞杂，施工企业要全面采集时空跨度大的大量工程信息，企业如何在如此复杂的条件下，对所承接的项目有效地进行实时的成本控制，建立施工项目的信息管理系统，发挥计算机快速、及时、准确等优越性具有极其重要的意义。

（三）基于作业成本法的目标成本核算

加强项目成本核算是电力施工企业外部经营环境的要求，也是企业战略发展的需要。

成本核算是一个动态的管理活动，必须指导和服务于项目成本执行全过程。

1. ABC 作业法介绍

作业成本法（Activity-Based Costing，ABC），是 20 世纪 80 年代末在美

国兴起的一种先进的成本计算与企业管理方法。作业成本法包括作业、资源、作业中心、作业动因、资源动因等基本概念。

（1）作业。作业是企业提供产品或劳务过程中的各工作程序或工作环节。一般而言，作业是指一个组织为了某种目的而进行的消耗资源的活动，它是连接资源与成本目标的桥梁。

（2）资源。资源指支持作业的成本和费用来源。它是一定时间内为生产产品或提供服务而发生的各类成本、费用项目，或者是作业执行过程中所需要花费的代价。

（3）作业中心。作业中心是一系列相互联系、能够实现某种特定功能的作业集合。例如，原材料采购作业中，材料采购、材料检验、材料入库、材料仓储保管等都是相互联系的，并且都可以归类于材料处理作业中心。

（4）作业动因。作业动因是指作业发生的原因，它计量成本对象对作业的需要，并被用来向成本对象分配作业成本。作业动因是将作业成本库中的成本分配到产品或劳务中的标准，也是将资源消耗与最终产出相沟通的中介，是衡量产品或劳务对作业需求的频率和强度的标准。

（5）资源动因。资源动因是计量作业对资源的需求并用来向作业分配资源成本。按照作业成本法的规则，资源耗用量的高低与最终产品没有直接关系，作业决定着资源的耗用量。资源动因是衡量资源消耗量与作业之间关系的某种计量标准，它反映了消耗资源的起因，是资源费用归集到作业的依据。资源动因可以控制与评价作业使用资源的效率。

2. 成本核算应用举例

对于 ABC 作业成本核算法的具体应用和实施效用，接下来引用一个具体的案例进行说明。

某工程零件制造商，以前的成本核算系统是传统成本核算系统，其中制造费用按照人工小时分配。由于客户广泛，产品系列很多，致使生产过程既有高度复杂的自动化生产也有部分的手工生产。为了满足客户的特殊需求，订单都非常小，因此市场要求公司具有高度的柔性和快速反应能力。于是管理层认为作业成本法是解决其面临问题的一个方案，并且指定了一名财务控制员为公司导入作业成本法的负责人。

接到这项任务后，财务控制员建立了一个包括他自己、一个制造部门的工程师和一个成本会计师的项目组，在之后的三个月时间里，作业成本法项目组与公司内部其他部门的人员进行了大量的非正式交流。工程师和负责人都全职参与 ABC 实施工作，成本会计师把约 2/3 的时间投入这个项目。

该小组为全企业建立了 25 个成本库，并用了大量的时间就成本动因达成一致。

很多成本动因对于多个成本库是相同的，项目小组在成本分配上没有费多少时间。公司实施作业成本法的软件系统是基于 PC 的，其中包含大量由财务控制员建立的 Excel 表。

购买软件只需要 1000 美元，但是需要做很多的基础工作来使软件适合公司的特殊需要，另外收集和输入数据也很花时间。

作业成本法系统最初计划在 4050 个产品上试运行，这些产品覆盖了公司产品的所有系列。当他们分析了产品的同质性后，品种数量降低到 25 个。作业成本法系统能够计算出真实的成本和并用于定价，自动计算出业绩计量和产品的利润率，能给管理提供很多决策相关的信息，当前年度的预算也将基于作业成本法提供的信息和建立的作业成本核算模型做出。

通过实施作业成本法，公司获得了更准确的成本信息和定价信息，由此改变公司在市场中的地位；建立了针对进口的有竞争力的产品基准。同时更好的成本信息使得管理层把一些内部低效率的制造转向外包。由于针对不同方面更好地衡量，公司做出了更好的资本投资决策。

3. 基于作业成本法的电力施工项目目标成本核算

对于电力施工项目来说，成本核算还处于最原始的水平，成本核算与管理不能对应。

核算工作大部分仅仅停留在记账、算账、报表上，仅仅在为核算而核算的层面上。强化成本核算管理，坚持预算成本和实际成本核算的原则，提高核算质量。通过对工程项目成本构成和影响成本因素的分析，弄清未来成本管理工作的方向和寻求降低成本的途径。根据项目管理部制定的考核制度，对责任部门、相关人员进行考核，实行奖优罚劣的原则，以提高节约成本的意识。

应用作业成本法对项目成本进行作业成本计算和作业基础管理，对电力施工企业来说具有重要意义。基于作业的 ABC 方法为作业的绩效评估提供了一个很好的计算模型，将企业管理与成本控制深入作业层面。此外 ABC 可以进行作业特性分析，发现流程中的增值作业、非增值作业、低效率作业，并给作业流程改进或者作业流程再造提供成本方面的量化手段。并且 ABC 可以帮助成本管理人员发现那些被扭曲的成本数据，为正确成本控制决策提供依据。

作业成本法的基本原理是生产导致作业的产生、作业导致成本的产生，成本与费用是通过作业联系在一起的。因此，作业成本计算法的成本计算程序，就是把各个资源库的成本分配给各作业成本库，再将各作业成本库中的成本分配给最终产品。作业成本法进行成本核算的步骤如下。

（1）确认和计量项目耗用的资源。电力施工企业项目经理部应建立和健全以单位工程为对象的项目成本核算账务体系，严格区分企业经营成本和项目成本的界限，在项目实施阶段不对企业经营成本进行分摊，以正确反映项目可控成本的收、支、结、转的状况和项目成本管理的业绩。

（2）分析和确认耗用资源的作业，并将这些作业分类汇总建立作业库项目的完成过程是由一系列作业组成的，在进行作业成本计算时首先要根据实际计算的需要确定这些作业。由于确定出的作业的数目往往巨大，使计算非常复杂，为了简化计算一般还需要根据作业的相关性对同质作业进行合并，建立作业中心成本库。成本库是指作业所耗费资源的归集中心。在作业成本法中，将每一个作业中心所耗费的资源归集起来作为一个成本库。

（3）确定资源动因，用资源动因将归集起来的资源成本分配给各作业资源动因是分配资源成本到成本库的标准，是联系资源和成本库费用归集的桥梁。在进行项目成本分配时，将能够直接分配给具体作业的，直接分配；不能直接计入的，采用一定的分配方法分配计入各作业。

在对间接成本进行处理时，不同行业不同工作的间接计入费用的范围各不相同。由于间接计入费用的发生不能直接归属到某一个作业，现行的会计制度仅记录各项间接费用的总费用，不能反映各个作业消耗费用的情况，而作业成本计算法要求把间接费用首先根据资源动因分配到不同的作业中，以使成本控制深入作业层次进行成本控制。再根据资源动因把各项资源消耗的间接费用向作业中心进行分摊。资源动因量统计得越准确，成本库费用的归集就越科学、精确。

（4）确定作业动因，用作业动因将各个作业中心的成本分摊到最终产品作业动因是分配作业成本到产品或劳务的标准，是连接作业消耗量和企业产出量之间关系的桥梁。为作业成本库选择合适的作业动因是作业成本库费用分配的关键。通常一个作业有多个不同的作业动因。例如，产品检验作业的作业动因有检验次数、检验时间、不合格产品数等；再如，采购作业的作业动因有采购单数、供应商数、零件数等。确定作业动因的关键在于要为每个成本库选择一个能反映作业消耗量与实际消耗量相关程度较高的作业动因。一定要避免使用不能准确反映作业消耗量的作业动因。例如，如果材料处理所需的时间是变化的，利用处理次数作为作业动因就不如利用材料处理时间作为作业动因好。如果利用处理次数作为作业动因，一个需要较长时间进行材料处理的产品成本会被低估，而一个仅需要很短时间的产品成本就会被高估。

（5）计算产品成本。由于 ABC 在成本计算中引入了作业中介，所以许多在传统成本计算方法下被认为是不可追溯成本，ABC下就能转变为可追溯成本，从而使间接费用的分配更合理，产品成本计算结果更准确。成本分配在于尽量根据成本发生的因果关系，将资源耗费分配到产品或其他成本计算对象上。因此，可大致将成本分为以下三种类型，并采取不同的方式进行处理。

①直接成本。某类成本的发生如果是直接由生产某种产品所引起，那么这类成本通常可直接追溯到特定的产品，即是直接成本。直接材料、直接人工都是典型的直接成本。为了保证成本计算结果的准确性，直接成本应以经济可行的方式直接计入有关产品。

②可追溯成本。多成本虽然不能直接追溯到某种产品，但是却可以追溯到有关作业，由此得到作业成本。有些作业成本多少不与产品直接相关，而与另外一类作业相关，前者称为辅助作业，后者称为主要作业。例如，人事管理、设备维修等作业都属于辅助作业。首先根据各主要作业所消耗的辅助作业量的多少，将辅助作业成本分配至主要作业；其次根据不同产品所消耗的作业量，将各项主要作业成本分配到各种产品中。

③不可追溯成本。这部分成本既不能直接追溯到某种产品，也不能追溯到某种作业。该类成本比例通常很小，被称为"不可追溯成本"。对于此类成本可选用某种标准将其分配到各有关成本对象上。ABC的运用，使得传统成本计算方法下许多间接费用变得可追溯。

（四）电力施工项目目标成本分析

在前面成本核算的基础上，通过成本分析揭示成本变化及其变化原因。在成本形成过程中，利用项目的成本核算资料，将项目的实际成本与目标成本进行比较，系统研究成本升降的各种因素及其产生的原因，总结经验教训，寻找降低项目施工成本的途径，以进一步改进成本管理工作。成本分析为成本考核提供依据，也为未来成本预测和成本编制提供信息。

例如，可以通过将工程预算成本与通过作业成本法计算得到的工程成本进行比较，得出工程项目的实际成本与社会平均水平的差距。对工程成本中的因作业效率低下产生的不增值作业成本进行分析，采取措施消除不增值作业和优化增值作业，使得作业效率进一步提高，以达到降低成本的目的。

（五）电力施工项目目标成本考核

成本考核是施工项目成本管理的总结阶段。成本考核是在工程项目建设的过程中或项目完成后，定期对项目形成过程中的各级单位成本管理的成绩和失误进行总结与评价。通过成本考核，给予责任者相应的奖励或惩罚。目标成本考评是以内外结算和审计为依据，综合评价项目部的工作，并做出结论的过程。其中最重要的是要依据最终结论，给予奖惩。针对电力施工项目成本控制过程中积极性不高、成本控制意识差等问题，电力施工企业应建立和健全项目成本考核制度，作为项目成本管理责任体系的组成部分。考核制度应对考核的目的、时间、范围、对象、方式、依据、指标、组织领导，以及结论与奖惩原则等做出明确规定。

电力施工企业应当充分利用项目成本核算资料和报表，由企业财务审计部门对项目经理部的成本和效益进行审核，在此基础上做好项目成本效益的考核与评价，并按照项目经理部的绩效，落实成本管理责任制的激励措施。

第四节 电力企业成本控制的现状及解决路径

一、电力工程项目成本管理现状

（一）电力施工企业工程项目类别及成本特征

分析电力施工企业的成本特征可以通过成本的产生及成本的专业范畴两方面加以分析。对于电力施工企业成本的产生环节来说，因为电力施工企业的工人种类很多，并且具有很大的交叉性。因此，对电力施工企业成本控制的关键在于对电力施工项目的实践管理，电力施工企业的施工成本直接取决于施工管理的水平。与此同时，电力施工项目对进度成本的管理和控制给予了更多的关注。因为电力项目是牵涉国家生计的关键内容，每一项工序的进度都会对电力施工项目的实践和整体工期形成拖累。工程工期的延长将导致现实成本费用支出额度高于预期成本费用支出的标准，因此，需要对电力施工项目的工期成本予以足够的关注。

对于电力施工企业成本的专业范畴来说，因为电力施工项目具有较强的特殊性，其施工环节应当严格依照现行的标准和规范进行。电力施工项目的检测、监督和执行等都应当通过专业化的机构开展。立足于上述特征，本书将电力施工企业成本控制的关键定位在施工环节的成本管理和成本控制上。将成本管理和成本控制的责任落实到电力施工企业的管理部门，其具体流程为：首先，制定电力施工项目成本费用支出方案；其次，在电力施工项目实践前签署责任书；再次，电力施工项目管理部门按照合同的要求制定成本费用支出方案；最后，对电力施工项目的施工人员予以绩效考评。

（二）电力工程项目成本管控流程

目前，在电力施工企业的管理活动中，成本管理处于愈加显著的地位。现阶段的电力施工企业项目成本管理已不再是简单的成本费用支出的统计与核准，而是一个规范化的、流程化的完整链条，包括电力施工企业成本费用支出方案的制定、成本费用支出限额及责任的细化、成本费用支出方案的执行、成本费用支出额度的统计与分析、成本费用支出状况的管理和控制，以及成本费用支出状况的考评等。上述环节都是彼此关联、彼此约束的，全部环节的总和共同实现对电力施工项目成本的动态化管理和控制。

1. 筹划阶段成本控制的主要工作

进行市场调研并以此为依据开展投资评估分析。因为正确的项目筹划是开展有效成本控制的基础，因此筹划阶段成本控制的优劣是电力施工企业成本控制水平的决定性因素。

筹划阶段成本的有效控制应当依照下述几点进行：第一，电力施工企业应当深入探究项目投资的客观环境、经济技术指标及项目的市场价值等；第二，电力施工企业应当调查并分析项目的市场预期、利润空间等，从而为投资方案的制定提供数据支撑；第三，电力施工企业的数据分析人员应当选取科学的数据资料和分析方法，从而得出合理的估算结果。

2. 电力施工项目计划阶段的项目成本控制

科学的项目设计可以减少成本支出、缩短投资回收期，从而实现经济效益的最大化。

因此，电力施工企业在开展项目设计之前，应当做好详尽的分析，从而保障成本管理的有效性。第一，电力施工企业可以通过招投标的形式筛选出资质达标、经验丰富并且成果出众的设计单位承接项目的设计工作，从而保障设计方案的技术可行性、质量可靠性和经济合理性；第二，电力施工企业应当对限额设计的实施给予足够的关注，防止在项目竣工结算时出现施工成本超支的问题；第三，项目设计工作者既要确保设计方案的期限和质量，又要充分考虑操作便利性和施工成本等问题，从而保障设计方案的合理、可行；第四，在设计方案敲定之前，应当由相关人员进行全面的审核，将发现的漏洞和缺陷加以整改，尽可能地防止在施工阶段出现设计变更的问题，从而保障电力施工项目的正常运行及成本支出的有效控制。

3. 电力施工项目施工阶段的项目成本控制

电力施工项目的施工阶段是将设计方案变成现实的过程，施工阶段的成本控制是电力施工企业成本控制中最为困难的环节。电力施工项目的施工阶段应当做好如下工作：保障项目质量、控制项目造价、掌握项目进度、减少人财物料的支出等。具体成本控制措施如下：第一，在项目施工前期进行必要的施工组织设计审查。施工组织设计既是施工单位开展项目施工的指导性文件，又是电力施工企业进行项目质量控制、施工成本控制等工作的基础支撑。此外，施工组织设计还是处理工程纠纷和经济索赔的重要参考文件。第二，强化对工程款的管理力度，保障电力施工项目顺利开展。比如，电力施工企业要将有关钱款及时结清，尽可能地不拖欠钱款，从而确保施工单位的工作积极性。第三，坚决执行物资采购的价格对比。物资采购比价应当遵循公平、公正、公开的原则，在确保质量的基础上，选择价格最优者。第四，强加工程变更的管理力度。在项目施工阶段，应当对成本计划和项目进度加以严格审查，对由于各种因素所造成的设计变更和材料变更等情况产生的费用增加及时确认，为竣工结算做好前期工作。第五，强化项目合同管理。良好的合同管理能够保障电力施工项目的施工进度和成本支出等都严格控制在合同条款所约束的范围之内，防止因安全事故或者质量问题造成的经济纠纷。

4.电力施工项目竣工结算阶段的项目成本控制

竣工结算阶段的成本控制是电力施工项目成本控制的最终环节。在竣工结算阶段，电力施工企业应当依照有关法律法规、项目合同及竣工资料等材料，对电力施工项目的工程量、验收记录及附属工程的费用支出等加以审核。在电力施工项目完成竣工结算并交付使用后，成本控制机构应当对电力施工项目进行评价，分析对比项目的成本支出，并提出针对性的改善建议，从而提升新项目的成本控制水平。由于成本控制内容渗透在电力施工项目的全过程当中，因此，电力施工企业应当从根本处着手，对各环节进行成本控制。对竣工结算阶段应当强化审计，从而提高对投资费用核算的准确性。

（三）电力工程项目岗位体系分析

1.项目经理

代表公司实施施工项目管理。贯彻执行国家法律、法规、方针、政策和强制性标准，执行公司的各项管理制度，维护公司的合法权益。履行《项目管理成本责任书》规定的任务。组织编制项目成本计划，确定目标成本。以项目管理规划大纲和工程合同要求为出发点，结合项目工程实际情况，提出项目工程的方针、各项控制目标和要素管理等实施规划，经上级批准后组织实施。对进入现场的生产要素进行优化配置和动态管理。

全面负责项目工程职业健康安全管理体系的建立，并确保其有效运转。积极贯彻"安全第一，预防为主"的安全生产方针，健全项目工程安全责任制，使项目工程施工人员严格执行各级安全规章制度和劳动保护措施，做到安全生产、文明施工，降低事故频率，确保工程项目职业健康安全目标的实现。

全面负责项目工程质量管理体系的建立，并确保其有效运转。认真贯彻执行国家有关质量的方针、政策及上级的指示和要求，作为项目工程质量管理的第一责任者，带头坚持公司"奉献精品、追求卓越、持续创新、开拓发展"的质量方针，确保工程质量目标的实现。

全面负责项目工程环境管理体系的建立，并确保其有效运转。认真贯彻执行国家有关环境保护的方针、政策及公司环境管理体系程序。进行现场文明施工管理，发现和处理突发事件，确保工程环境目标的实现。

在授权的范围内负责与公司各管理部室、施工队、各协作单位、发包人和监理工程师等进行协调，解决项目中出现的问题。参与工程竣工验收，准备结算资料和成本分析总结，接受工程审计。负责对施工人员进行安全、质量、技术交底。

深入施工生产现场，组织平衡项目施工力量和工程进度，抓好项目工器具管理工作；监督检查项目各单位和人员贯彻执行各项安全生产的规章制度及公司程序文件，负责定期组织安全大检查及组织工程三级验收工作。

2. 质检员

质检员的职责主要有以下几点：认真贯彻执行安全工作规程、安全施工管理规定、验收规范等安全、质量依据，按上级有关的指示和要求，在项目经理的领导下，做好本工地的安全、质量管理工作；负责监督检查施工安全、工程质量、文明施工情况，对查出的事故隐患，应立即督促整改；有权制止违章作业和违章指挥，有权对违章进行经济处罚；参加技术交底，检查各种安全质量活动的开展情况；参与审查施工安全技术措施和质量保证措施，并监督执行；按"四不放过"原则，参加轻伤事故、记录事故中严重未遂事故的调查处理工作；协助项目经理组织召开安全质量例会，协作项目经理做好安全工作的布置、检查、总结；参加安全大检查，对安全隐患按"三定"原则监督整改；负责质量记录的收集、整理、归档工作。

3. 安全员

安全员的职责主要有以下几点：认真贯彻执行安全工作规程、安全施工管理规定，按上级有关的安全工作的指示和要求，在项目经理领导下，做好本工地的安全施工管理工作；负责监督检查现场的安全工作、文明施工情况，对查出的事故隐患，应立即督促整改；有权制止违章作业和违章指挥，有权对违章进行经济处罚；参加技术交底，检查各种安全活动，开展安全施工教育；参与审查施工安全技术措施并监督执行；监督公司职业健康安全管理体系的实施，减少员工的疾病和对员工的伤害；按"四不放过"原则，参加轻伤事故、记录事故中严重未遂事故的调查处理工作；组织安全大检查，对安全隐患督促相关部门按"三定"原则整改。

4. 材料员

材料员的职责主要有以下几点：负责按时保质保量地完成项目各项工器具、材料管理任务；负责项目部施工生产用工器具、材料的发放、调度工作，保障全部工器具、材料能够准确、优质、及时到位；负责编制执行项目部工器具、材料供应计划，并对该计划执行结果承担责任；协助项目经理及时办理工器具租赁费用、材料费用的结算；协助项目兼职计量员做好各项目工程所用工器具的计量检定工作。

5. 民事员

民事员的职责范围如下：在项目经理的领导下，认真贯彻执行党和国家的方针、政策、法令和规定；严格执行上级和项目的管理制度；协助项目经理做好地方工作，保障施工的顺利进行；负责项目发生的索赔管理工作，做到不留尾巴、不留后患；做好项目地方协调工作。

6. 施工队长

施工队长工作职责如下：以全面完成或超额完成各项任务为出发点，结合本队实际情况，做好各项管理工作；全面负责本队安全施工，积极贯彻"安全第一、质量第一"的生产方针，带领全队职工严格执行各项安全、质量的规章制度，做到安全生产、文明施工；严格执行公司程序文件，做好质量管理工作，强化"三检制"，组织并参加工程的"队级验收"工作。

针对本队实际，采取有力措施，不断提高工程质量，降低工程成本，提高经济效益及施工队的管理水平；合理组织、计划本队承担的工程任务，分配本队职工工作，对本队的安全生产、施工质量、职工工地生活负全面责任；负责本队职工的劳动出勤考核工作；加强本队工器具、材料管理，全力支持工具材料员的工作，严格执行有关规定，确保正常施工；协同地方政府及当地群众，做好工程材料的防盗工作；协调处理与当地政府及群众的关系；协同上级和项目部各职能人员的工作，并贯彻落实。

二、电力工程项目成本管理存在的问题

（一）观念上的误区

企业高层管理人员对于企业成本控制的认识角度和认识程度，会因其所

属行业的不同而存在一定的差异。将竞争性行业和垄断性行业加以对比，成本控制在竞争性企业中可以获得更好的效果。然而，无论行业的竞争性如何，绝大多数企业对于成本控制的认识存在显著的差异。企业的成本控制普遍停留在浅义层面，也就是单纯地依据上一年度的成本开支报告，制定一个成本缩减比例，并将其分配到各部门。科学的成本控制首先需要对环境因素进行客观的分析，进而依据上一年度的成本开支报告制定下一年度的成本预算，并且要在预算的执行过程中进行有效的反馈和调整。相当一部分企业认为成本控制只是部分成员的任务。例如，将成本控制交付财务部门执行，尽管财务工作者做出了事后成本核算，然而因其并非成本控制的核心操作者，并且同其他部门的沟通较为欠缺，致使无法形成有效的反馈。

计划经济时期的作用遗留，导致电力施工项目在50多年的时间当中无须开展招、投标。所以，电力施工企业的成本管控意识相对较弱，甚至从未开展过项目成本的估算。然而，自从我国的电力体制执行改革至今，电力行业开始采取招、投标方式。因此，电力施工企业一定要开展良好的成本估算，并采取竞争报价。一方面规避报价过高无法承接项目的问题，另一方面规避报价过低没有利润空间的问题。

现阶段，立足于范围视角，电力施工企业固有的成本管控方法大都定位在施工阶段；立足于内容视角，电力施工企业固有的成本管控方法大都定位在施工成本方面；立足于时效视角，电力施工企业固有的成本管控方法大都定位在施工成本分析方面。电力施工企业的管理人员对于生产成本给予了过高的重视，却忘却了对成本的估算，以及对除了生产成本之外的成本加以管控。实际上，电力施工项目的成本管控必须是由全体工作者全程参与的工作，要借助电力施工企业的实践过程得以实现。电力施工企业成本管理的参与者不再局限于单纯的财务工作者，而应当涵盖施工工作者和施工管理者。倘若无法突破原有成本管理的观念局限，那么成本管理工作就无法得以真正的落实。

（二）成本管理具有片面性

有关部门在成本管理中没有形成充分的沟通和交流，造成各部门在电力施工项目的实践过程中仅考虑本部门的需求，而忽视了工程项目的整体论证，预算评估没有足够的理论依据。工程成本管理的评价体系缺乏完整性、科学性，并且诸多单位的成本估算和成本控制缺乏应有的专业性，造成成本估算同实际支出存在明显的差距，属于严重的造价不符。除此之外，相当一部分施工单位的管理方式较为落后，无法将有限的人力、物力、财力的效用发挥到最大限度，造成资源的过度流失，增加了工程项目的成本费用支出。当下，相当一部分企业将成本控制的重点聚焦于企业内部的生产经营上，认为控制生产成本才是成本控制的重要环节，而并未深入剖析价值链中全部潜在的可能性降低成本环节。因此，企业的成本控制只是徘徊于企业内部，对于供销环节形成的成本支出缺乏足够的认识，忽视了企业的外部成本。就采购环节而言，任何采购均有若干的固定供应商，倘若没有掌握最新的市场信息，就会造成采购成本的上升；就运输环节而言，因原材料和成品的运输会受到环境因素和采购周期等条件的影响，倘若没有充分的前期准备，就会造成运输成本的上升。

（三）成本财务核算体系不完善

因为相当一部分电力施工企业的成本管理意识不够科学，只重视电力施工项目的事后成本控制，而轻视了电力施工项目的事前成本控制，无法切实体现成本管控的核心宗旨。这些电力施工企业并没有构筑完善的财务预算体系，设置的专业化管理部门也未将其应有的功效加以有效地发挥。与此同时，电力施工企业没有设置独立的、权威的财务核算机关部门。立足于预算方法视角，原有的增量预算法默认已经出现的电力施工成本均具有合理性。因此，通常来说，均是将往期出现的实际数据视作依据，并参照每种影响因素的变化趋势，进而合理地调整档期预算。通过此方法进行的成本估算严重降低了成本估算的精确程度。立足于预算落实视角，相当一部分电力施工企业将预算管理的关键定位在预算的制定上，然而没有对预算的落实状况加以有效地定位和追踪。所以，很难将预算落实状况视作工作者和工作机构的评价标准，无法以此为依据给予相应的奖惩，从而降低了企业工作者在成本管控方面的热情。

（四）成本预算管理缺失

相当一部分电力施工企业缺少成本估算，对于成本费用支出的具体额度缺少了解。即使有成本估算，也往往浮于纸面。成本预算管理的欠缺，一方面造成电力施工企业缺乏预算成本，另一方面造成电力施工企业缺少相应的成本支出计划。因此，现实成本费用支出同预期成本费用支出和计划成本支出三者之间的对比分析无法实现。电力施工项目的管理机构成了摆设，导致电力施工成本频频超限。对于问题更加严重的电力施工企业来说，由于电力施工项目管理部与企业的总部具有较长的距离，无法在第一时间将票据上交至企业总部，财务核算明显不及时。电力施工项目的实际成本费用支出额度无从得知，无法实现对电力施工项目成本的有效管控，造成项目成本明显超限。

三、电力工程项目成本管理存在问题的原因

依据对我国电力施工企业成本控制现状的调查和了解，将当前电力施工企业项目成本控制存在问题的原因归结为以下几方面。

（一）管理人员协作能力不强

对电力施工过程进行的成本控制，是一个全局性的、系统性的控制过程，无法仅凭单方面的管理实现对电力施工过程的成本控制，而是需要包括财务人员、施工单位的工作人员，以及相关管理人员共同完成的一项成本控制活动。当前，我国的电力施工工程管理人员由于认识的偏差，在管理过程中将关注的重点几乎全部放在对工程质量、安全的控制方面，对成本控制却关注无几，往往将全部的成本控制工作都抛给财务人员，但是，经过对现实案例的调查发现，这种各自为政的管理方法是低效的，两者之间缺乏应有的协作效用。

（二）未将质量、工期、成本三者合理地统一、协调

当前，在电力施工工程的实践过程中，通常将工作重心放在对工程质量、工期进度的控制方面，而对施工成本的控制却没有给予足够的关注和管理，对于质量、工期、成本三方面的主要目标没有做到合理的统一和协调，往往导致在保证工程质量和工期的现实背后，造成工程成本的大幅度增加，极大削减了经济效益。

（三）资源浪费现象严重，工程成本损失现象明显

在电力施工工程的实践过程中，常常由于各种原因导致电力施工工程的资源出现大量的浪费，而这些资源并没有真正地被用在电力施工工程的建设方面，从而导致工程成本的损失严重，对经济效益的最大化产生了非常严重的影响。

（四）未形成匹配的成本控制激励机制

企业的价值创造需要依靠员工的力量，企业的成本控制同样离不开员工的努力。企业的成本控制一定要包含人力资源的成本控制，然而人力资源成本的控制并非盲目求低。例如，有些企业为了盲目地追求超低的成本支出，将职工意外伤害险成本一并削减，但是在出现意外事故时，却给企业造成了巨额的赔付成本。所以，人力资源的成本控制需要综合考量企业利益与员工绩效等问题，如此方能激励员工自发地开展自我成本控制。但是，相当一部分企业的考评机制得不到有效的执行，而且建立的考评机制大多是出于对员

工的处罚目的而建立，无法为员工提供动力，造成员工消极情绪升温，从而适得其反。

（五）成本控制的日常管理力度欠缺

企业成本控制的日常管理可以概括为两个层面：一是原材料的使用，二是库存的管理。相当一部分企业的原材料出库没有严格的信息记录，库存管理混乱，造成原材料的无谓浪费。就生产企业和建造企业而言，原材料的采购成本支出会占用企业的大部分流动资金，然而，并未对原材料的采购和库存管理施以最佳的成本管理，细小的疏忽都会造成不可估量的成本损失。此外，倘若产成品无法及时售出，或者产品生产无法适应市场的变化，都会使得产品出现大量积压，形成巨大的存货成本，造成企业流动资金链的中断。

控制具有十分显著的作用。现阶段，电力施工企业的发展受到市场严峻考验，强化电力施工企业的内部机制，并对内部机制的执行加以严格地监督，才能保障电力施工企业的长久生存和稳定发展，同时对电力施工企业所遇到的各种风险予以正面的回应。

形成日常监管力度匮乏的原因大致有三个：第一，对成本控制没有形成正确的认识；第二，没有与成本控制匹配的管理体系的支撑；第三，针对成本控制的执行缺乏有力的监督。

因此，建立健全成本控制信息系统，能够使企业在保障成本核算有效落实的情况下，对生产、销售和库存的成本控制信息做出实时追踪。利用对价值链信息的处理，达到信息共享的效果，从而在某种程度上规避企业内部信息不对称的缺陷。例如，就库存系统而言，针对原材料的出库做好严格的信息记录，达到库存信息的实时更新，从而达到在保障生产进度的前提下，强化对原材料成本控制的目的。总体而言，企业借助成本信息控制系统的力量，能够对成本控制信息加以有效管理，提高管理水平，避免无谓的成本支出。

（六）工程项目成本计划控制

工程项目成本计划控制主要包括三个方面：第一，制定科学合理的项目实施方案。制定施工方案时要兼顾质量、工期、成本三方面的综合效益，并且，要制定出符合总体目标的多个方案，在进行两两对比之后，选出在满足质量、工期要求前提下的成本最低的施工方案。第二，与分包合同和材料合同的负责人共同商定具体施工内容。对于通过公开招投标形式中标的分包商，应与工程项目的相关管理人员共同商定工程施工的最优方案，实现以最小的成本支出完成最优的建设成果。第三，对建筑施工成本做好预算明细。在工程施工前，应对施工过程中的具体活动情况做出合理的分析和预测，并对每一阶段、每一环节可能发生的成本支出进行具体的明确，从而保证在实际的建筑施工过程中，有明确的成本支出预算作为参考，既可以实现参照性作用，又可以实现对成本支出的约束性作用，从而有效避免浪费。

电力施工企业在进行成本管控时，应细化分解成本管控目标，建立成本管控体系。电力施工企业的成本管控应涵盖企业从设计到使用的所有相关环节，建立一套科学合理的成本控制体系，做到能体现出成本发生的实时动态变化，对成本偏差问题做到快速处理。成本管控体系的建立应结合层次分析法，对影响电力施工企业总成本的因素细化，并进行问卷调查，确定每一影响因素的权重，最后依据成本管控体系衡量企业成本情况，进而进行成本控制。

（七）工程项目实施阶段成本控制

1. 针对人工成本采取的控制措施

当电力施工部门拿到项目设计方案后，应派有关单位和施工工作者前往操作场地进行勘察，继而完成技术、质量和安全的交底。与此同时，要对电力施工项目的施工工作者开展实践前必要的教育，包括操作规范、安全教育和现场细节等内容。教育环节应保障至少 40 课时的时长。除此之外，以电力施工项目的具体条件为基础开展对施工工作者的针对性的实践培训，包括安全技术、文明施工等内容。实践培训应保障至少一次，且在考核达标后才能进场操作。就特殊工种的施工工作者来说，一定要开展专业化的培训。当考核达标并由主管机构授予资格证书后，才能进场操作。

电力施工项目的管理部门应当依照整体进度的情况确定详细的项目操作方案，确定电力施工项目操作团队及操作工序。与此同时，以电力施工项目的具体进度为引导，调整各工种施工工作者的具体工序。内部施工工作者的薪酬选择月度基础薪金加工时工资的方式发放，并确定相应的工时制度。在每个月的月终阶段，由电力施工项目的管理部门将每位施工工作者的累计工时汇总，并乘以工时工资系数，将此结果同基础工资相加即为施工工作者的具体薪酬。

2. 针对材料成本采取的控制措施

（1）当项目方案敲定之后，由设计部门把设计文件交送生产技术机构，由其完成对施工部门、物资供应部门及建设单位的协调工作，并由相关部门开展招标工作并完成机械设备的购置，签署商务合同和技术协议。

（2）材料入库时由仓库保管员根据发票填写收料单，收料单一式三联：材料、财务、送货各一联。

（3）施工人员领料时填写领料单，各专业班组长对照材料需用计划审批。

（4）施工过程的材料富余，及时办理材料退库手续，避免材料浪费。

（5）根据工程进度合理安排材料进场时间，减少材料搬运费和场地租赁费；对分包工程的材料由分包单位负责搬运。

（6）大宗的装置性材料，不入公司仓库，直接运往本工程施工现场。材料在各施工队材料站内交货，由项目部材料员对口负责检验、签收、装卸、运输等；地方性材料由项目经理部采购、加工、检验、运输。由项目材料员根据材料供应进度计划，派专人配合进行催交、检验、签证、运输等工作，在材料站按有关标准对到货进行检验，详细核查收货数量、质量，双方在材料交接证明书上当场签字，缺件或不合格的材料登记造册。沙、石、水泥等材料根据基础施工进度分期分批采购供应，并不定期地进行抽样检验。

（7）材料站的管理：材料站由专人负责管理，并制定进货、检验、保管、分供等管理办法，按规定建立账卡并做到卡物相符。特别要做好材料站的防洪、防火、防盗、防潮、防锈蚀工作。在材料储存、施工过程各阶段设置产品标识和记录，以避免不同物资的混用和满足可追溯的要求。对不合格品应及时标识、隔离和处置，严禁在工程中使用。

3.针对机械成本采取的控制措施施

对机械成本的控制应当从自购和租赁两方面分别进行。对自购机械设备和施工器具等来说，应当由施工工作者担任相应的运维保养任务。坚决执行机械设备的使用要求和保养制度，每个岗位都应配备专门的工作者。以保证电力施工项目进度为基础，减少机械设备和工器具的耗损。在电力施工项目机械设备和工器具进入操作场地之前，应当由相应的施工工作者对其开展详细的检测和维护，坚决抵制有问题的施工机械设备和工器具进入操作场地。对租赁机械设备和施工器具等来说，必须将机械设备和工器具进入操作场地的顺序加以合理规划，并且依照租赁合同的要求，就操作场地的机械设备和工器具的使用量加以严格把控。

4.针对现场经费采取的控制措施

首先，电力施工项目的管理人员挑选优秀的施工工作者组成施工团队，提高施工效率。在确保电力施工项目质量过关的基础上，尽可能地减少电力施工项目的周期。其次，对于差旅费和招待费等难于管控的项目，应采取包干的方式。最后，由电力施工项目经理决定资金的使用，规避越级操作，执行项目单位"一人为大"的模式。

（八）电力施工企业工程项目竣工决算阶段成本管理

所谓工程项目竣工结算，也就是说电力施工企业根据施工合同当中要求的条款全数实现并将施工项目交付业主使用后,通过发包商进行项目款的竣工结算所需要的文件。

竣工结算应当以下述文件为基础进行:第一,施工承包合同补充协议,开、竣工报告书;第二,项目设计方案和项目竣工图;第三,设计变更通知书;第四,现场签证记录;第五,双方提供工程材料的文件及相关要求;第六,选择的工程定额、专用定额、同进度相匹配的工程材料价格和施工项目预结算手续等。

当电力施工部门将合同当中要求的条款全数实现且验收达标之后,需要组建专业化的团队依照上述流程开展详细的结算报告,并且在第一时间上交至建设部。与此同时,电力施工部门还要依照合同当中要求的条款进行相应的索赔准备。索赔属于竣工结算范畴,电力施工部门应当对索赔的依据和索赔的途径给予足够的关注。在电力施工项目的实践中,假如突发合同条款所列范畴以外的因素条件,造成电力施工项目出现安全乃至进展的滞后等问题,电力施工部门需要在第一时间收集相应的数据信息,并进行深入地剖析,制定索赔方案,弥补项目损失。对于市场化的项目经营来说,索赔是相当普遍的问题。索赔工作以项目合同、相关法律及项目签证等内容为基础,是当前施工项目无法规避的一个问题。所以,强化管理力度及合同理念,提升索赔工作的质量,能够使企业的经济效益得到很大程度的提升。

当工程竣工交付后,需要把施工项目的全部物资财产处理干净,进而为内部成本核算提供必要的数据支撑。以内部分包施工结算为例,应当按照施工合同、项目方案、初始预算文件及施工项目实践当中产生的其他成本,加以详细地核算,并且对每个单项工程的造价进行再一次的核算。当竣工结算完毕无误后,需要依照合同的要求,尽快追讨工程款项,强化资金的流转速度和管理力度,从而最大限度地降低资金的占用。当电力施工项目竣工交付后,电力施工部门需要开展详细的反思和成本分析,对施工项目当中节省的和超限的项目加以剖析并追踪其具体产生原因。总结施工心得,从而为后续施工项目的有效成本控制提供应有的经验先导。

在工程项目的全寿命周期都存在项目成本管理活动,其中,电力施工部门在项目实践环节的成本管理行为相当关键。所以,电力施工部门在保障完成合同规定条款和竣工结算的前提下,需要以现场管理为基础,加大过程控制力度。探索施工项目在成本、工期和质量三项内容中的最优平衡点,强化项目索赔理念,逐步找寻减少工程成本费用支出的方法,并总结经验,吸取教训,从而使电力施工项目实践环节的成本管理质量得以强化,使企业的经济效益和社会效益得到双重提升。

（九）加强电力施工企业工程项目成本的风险管理

在电力施工项目的全寿命周期当中都存在风险，风险一经出现就会造成一定的损失。所以，电力施工项目的工作者和管理者都应当具备风险意识，严格开展风险管理。

1. 风险识别

从宏观的政治因素、经济因素到微观的质量因素、安全因素、工期因素，乃至技术因素、材料因素等诸多内容，都会产生风险，应当利用风险识别过程，构筑电力施工企业的风险列表。

2. 风险评价

良好的风险评价能够估算风险的严重程度，依照风险的严重程度排序确定倾向程度的差异，从而精确地识别风险，并提出相应的风险应对措施。

3. 风险应对

依照风险的具体条件选择差异化的风险应对措施，风险规避、风险自留、风险转移及损失控制。所谓风险规避，也就是说通过某种途径干扰风险因素，实现风险的不发生乃至中断效果，从而防止不必要的损失出现。选择风险规避应对措施时，需要付出一定的代价。例如，某电力施工项目在中标后显现出相当多的漏算项目，倘若以中标价格进行实践就会损失巨大。所以，选择风险规避应对措施——拒签合同。尽管如此会有一定的经济赔偿，然而，相对于完成电力施工项目的实践过程所导致的经济损失，却减少了不少损失。值得一提的是：当选择风险规避应对措施时，同样放弃了通过风险赚取收益的机会。例如，倘若出于规避某电力施工项目的风险的考虑选择不参加投标，那么同样放弃了在中标之后获取收益的机会。所谓风险自留，也就是说立足企业财务管理层面，对风险加以应对。通常来说，选择以风险自留的方式应对风险的，大都属于风险量不大的问题。所谓风险转移，也就是说通过非保险风险转移和风险保险转移进行风险应对。例如，假如承包商把具有高专业性的单项工程交付某专业化机构进行就是非保险转移；假如承包商转而选择向保险公司投标就是保险转移。所谓损失控制，也就是说通过避免损失发生和减小损失值的方式对风险加以应对。在现实中，上述风险应对措施是能够被组合应用以强化应对效果的。

第六章 电力施工项目成本管理的对策和方法

目前，建筑施工企业较多采用二级管理的成本管理模式，相应企业的成本管理责任体系也是二级管理，即包括施工企业的管理层管理和施工项目部的管理，企业管理层管理贯穿于项目投标、合同签订、实施施工和工程结算的过程，体现效益中心的管理职能；项目部管理体现的是执行施工成本管理目标，发挥现场生产成本控制中心的管理职能。

第一节 项目成本管理的对策

施工项目成本是指在建设工程项目的实施过程中所发生的全部生产费用的总和，包括直接成本和间接成本。直接成本指工程施工过程中消耗的构成工程实体或有助于工程实体形成的各项费用的支出，包括人工费、材料费、施工机械使用费和施工措施费等。间接成本指为准备、组织和管理施工生产的全部费用的支出，包括管理人员的工资、办公费、差旅费等。

成本管理就是要在保证工程质量、工期、安全的前提下，采取相应的管理措施，包括组织措施、经济措施、技术措施、合同管理措施等把成本控制在计划范围内，并进一步寻求最大限度的成本节约。

根据施工项目及其成本管理的特点，在进行项目成本管理时，要采用的管理对策为：全过程成本管理、可控性成本管理、例外性成本管理、责任性成本管理及有效性成本管理。这也是进行施工项目成本管理的原则，分述如下。

一、全过程成本管理

施工项目成本控制应从工程投标报价阶段开始，直至项目竣工结算完成为止，贯穿于施工项目实施的全过程中。成本作为项目管理的一个关键性目标，包括责任成本目标和计划成本目标，它们的性质和作用不完全相同。责任成本目标是施工企业对项目施工成本目标的要求，计划成本目标是责任成本目标的具体化，是施工项目部对施工项目成本目标的预期。

（一）投标阶段成本管理

施工项目的成本管理是贯穿于施工项目的全过程中的，它不是工程项目在施工阶段才开始进行的工作。对于施工企业，早在工程项目的投标阶段，就应该进行项目的投标测算工作，进行投标阶段的成本管理，这样既能保证投标的决策有依据，避免企业承接工程的盲目性，又能为工程中标后项目部实施二次经营管理做好准备工作。

（二）开工进场阶段成本管理

项目部应该在工程项目进场阶段编制成本计划。成本计划的编制是项目成本预控的重要手段，项目部应尽可能早地编制成本计划，并通过成本计划将成本目标分解落实，为各项成本提供明确的目标、控制手段和管理措施。项目的成本计划是成本管理的基础，在工程中标后，项目的负责人（一般为项目经理）应牵头组织项目部主要的经营、技术、材料人员等进行一次较全面的工程核算，认真分析中标价、承包价，明确增收扭亏的方向，并在此基础上设计制订成本计划，及时找出成本控制的切入点、着眼点，从而在成本控制上有所侧重；通过优化施工方案，保证合理的要素投入。合理预测施工期的工、料、机等市场价格，并对市场价格涨落做到心中有数，为施工阶段控制成本做好准备工作。

（三）施工阶段成本管理

编制成本计划的目的是指导施工生产，合理控制生产要素投入，使工程的成本始终处于受控状态。在工程项目实施阶段，要加强项目成本的监管工作，落实成本控制责任制；对项目实行分段考核，定期开展经济活动分析工作，将实际成本与成本目标进行对比，分析存在的差异，及时发现问题并进行调整，控制和降低各项费用开支；以成本目标为依据，从预算收入、主要实物量、价格、分项成本和资金等方面入手，加强监管，严格工程项目的事前、事中控制，采取有效措施，防止项目亏损。

（四）竣工收尾阶段成本管理

施工企业和施工项目部要重视竣工阶段的成本管理工作。

很多竣工工程收尾工作常见的现象是：一到竣工收尾阶段，企业由于人力资源的短缺及为了降低管理人员的费用支出，把主要生产、技术人员抽调到其他在建工程中去，由此造成的直接后果是项目的收尾工作拖拖拉拉，应该撤场的机械、设备无法及时撤离，成本费用照常发生，使已取得的经济效益逐步流失。因此，即使在竣工收尾阶段，项目部也要精心安排，力争把竣工收尾时间缩到最短，以降低竣工阶段的成本支出。并且特别要重视竣工验收工作，在验收以前，要准备好验收需要的各种书面资料以报业主备查；对验收中业主提出的意见，应根据设计要求和合同内容认真处理，确保顺利交付，为工程的顺利结算做好准备工作。

二、可控性成本管理

项目的成本管理是成本预测、成本计划、成本控制和实施的系统管理活动。项目必须以审批的成本计划控制各项成本费用的支出，这样才能达到控制工程成本、确保成本目标顺利实现的目的。项目成本包含内容为：人工费（劳务费）、材料费、机械费、分包工程费、间接费（包含办公费、差旅费、招待费、工资、工资附加费、修理费、低值易耗品摊销、固定资产使用费、劳动保护费、管理费、折旧费、台班费、会议费、诉讼费、职工保险费、印花税、过节费、培训费、其他）、其他直接费（包含水费、电费、试验费、清洁费、保安费、消防器材、其他）等所有支出费用。项目通过定期核算以上费用，核实各项费用支出的合理性，使项目成本始终处于受控状态。

三、例外性成本管理

项目成本控制的内容很多，如果对每一种材料采购、设备的租赁、分包的招标都进行细致的控制，必将使项目管理人员的工作难度加大，所以，项目成本管理应在日常管理的基础上进行例外性管理，即项目管理者应注意要把主要的精力投入到不正常、不符合常规的差异中，投入影响成本大的项目上，如材料消耗数量多、单价高的项目。

四、责任性成本管理

项目部应建立以项目经理为中心的成本控制体系，以确定项目部成员的成本责任、权限及相互关系，形成全面、全过程的成本控制。将项目成本的责、权、利落实到人，提高相关人员成本管理的积极性。

五、有效性成本管理

由于建筑产品的特点，造成企业承揽的众多项目分布在不同的地方，即使同一项目，项目成本也随着工程进展的变化不断发生变化，所以企业要了解各项目部成本管理的情况，各项目部要及时了解本项目成本管理情况，必须建立一套有效的管理方法。利用互联网技术，建立信息系统，实现企业对项目部、项目部对项目成本管理的有效控制，这是施工项目成本管理的必经之路。

第二节 项目成本管理的方法

施工项目运用成本计划、成本控制、成本核算、成本分析、成本考核等方法进行成本管理。

一、编制成本计划，建立目标成本施工成本

计划不仅仅是以货币形式编制施工项目在计划期内的生产费用的书面文件，它还包括依据施工项目的具体情况制订施工成本控制的方案，既包括预定的具体成本控制目标，又包括实现控制目标的措施和规划，是施工成本控制的指导文件。施工成本计划是建立施工项目成本管理责任制、开展成本控制和核算的基础，是降低成本的依据。

（一）成本计划编制的原则

（1）满足工程合同约定的质量、工期、安全等要求。

（2）满足企业管理者对施工项目成本管理目标的要求。

（3）经济合理。

（4）具有可操作性。

（二）编制成本计划的具体人员

成本计划的编制工作应落实到具体人员。项目部参与成本管理的人员为项目经理、经营管理人员、技术管理人员、材料管理人员、机械设备管理人员、行政管理人员及其他相关人员等。项目的成本计划编制工作应落实到以上的每一个人。

某企业施工项目部编制成本计划的具体职责分工如下。

（1）项目经理：负责组织落实成本计划的编制工作，组织召开编制工作协调会，并制定具体的工作完成时间。

（2）项目部经营管理人员：负责计算工程量，进行各项劳务分包、专业分包工程费用的测算，并将技术、材料、机械、行政等管理人员提供的数据进行最后汇总，负责成本计划文件的编制完成。

（3）项目部技术管理人员：负责编制施工技术方案；编制现场临时设施布置图及方案；提供和技术有关的所有数据及组织技术人员进行材料损耗测算。

（4）项目部材料管理人员：负责所有材料的询价工作，并提供给经营管理人员。

（5）项目部机械设备管理人员：依据施工方案负责向经营管理人员提供机械型号、租赁价格、进退场费用测算等相关资料。

（6）项目部行政管理人员：负责进行间接费及其他直接费的测算。

（三）成本计划编制的内容

项目成本计划编制的主要内容，包括人工费（劳务费）、材料费、机械使用费、专业分包工程费、临时设施费、间接费、其他直接费等支出费用。

（四）成本计划编制应与工程进度相适应

按照项目施工的进度及形象部位，项目部除了编制整个工程的成本计划外，还应分解各施工阶段的成本计划。例如，编制基础工程的成本计划、地上结构工程的成本计划、二次结构工程的成本计划、内装修工程的成本计划、外装修工程的成本计划等。

（五）成目标分解的方法

建筑工程项目通常规模比较大、分项工程或单项工程多，管理难度大。项目必须简化生产关系，减少管理层次，将成本计划进行目标分解，使项目部所有人员各负其责，明确自己所负责部分的目标，项目部与目标责任人签订管理责任状，如项目部与材料管理人员签订周转材料合理损耗及控制丢失率的责任状，做到有责任、有奖罚，充分调动项目部所有人员的成本意识和控制积极性，使成本管理工作全面、到位。

二、成本控制

成本控制是指在施工过程中，对影响成本的各种因素加强管理，并采取各种有效的措施，将施工中实际发生的各种消耗和支出严格控制在成本计划范围之内。施工成本控制可分为事先控制、事中控制（即施工过程控制）和事后控制。在项目施工中，项目部要按照动态控制原理对实际的成本发生过程进行有效控制。

施工阶段是控制工程项目成本发生的主要阶段，它通过确定的成本目标并按照计划成本进行施工、配置资源，对施工现场的各种成本费用进行有效控制，其具体的控制方法如下。

（一）人工费的控制

（1）人工费主要从劳务分包费用方面进行控制。项目部要根据工程的实际情况，在企业的合格供方名录内，以招投标的形式择优选择劳务分包队伍，通过招标竞价控制人工费。

（2）人工费控制的重点是工日数量的控制，而不是工日单价的控制。这是因为所有项目部都希望使用最好的劳务分包队伍进行施工生产，优秀的劳务分包队伍其分包价格相应也会很高。所以，项目部为了控制人工费不能一味压低价格，要找合格的劳务分包队，工日单价必须遵循市场价原则进行计算。

（3）工日数量控制的重点是解决人工降效。项目部的现场管理需要有组织、有计划地部署，确保有效控制现场发生停工、返工、抢工、误工、窝工等情况，从而达到控制工日数量的目的。

（二）材料费的控制

材料费的控制主要包括材料用量控制和材料价格控制。

1. 材料用量控制

（1）实体材料用量控制：在保证符合设计要求和质量标准的前提下，合理使用材料，通过定额管理、计量管理等手段有效控制材料物资的消耗，实体材料用量要坚持以消耗量定额为依据，实行限额发料制度，在规定的限额内分期分批领用，超过限额领用的材料，必须及时查明原因，经过严格的审批手续后方可继续领料。

（2）非实体材料用量控制：实行按照计划管理和按照指标控制的方法，项目部根据成本计划用量或根据以往工程项目的实际消耗情况，结合施工工程的具体内容和要求，制定领用材料指标，据以控制发料。对超过指标的材料，必须分析查明原因，经过严格的审批手续后方可继续领料。

特别需要关注的是模板、支撑体系、脚手架等周转材料的用量控制。针对这类材料，首先，要根据不同工程的特点优化施工方案，科学、合理地配置周转材料的使用量和使用时间；其次，严格劳务分包队伍的文明施工管理，杜绝野蛮施工、随意浪费、损坏、丢失等现象的发生。很多企业对于这类材料的管理控制是进行转移控制，即项目部与劳务分包队伍签订材料使用量的包干协议，给劳务分包队伍制定合理的材料损耗、节约奖励、超耗赔偿。周转材料使用费是最能体现企业综合管理水平的，要控制周转材料的使用费，项目部在管理上还要把握以下原则。

①施工方案不能过于保守，避免给项目造成浪费；

②施工手段不能太陈旧，先进的施工手段是降低成本的必要保证；

③提高管理的计划性，周转材料不能超计划采购，现场只要有新的材料，劳务分包队伍是不愿意使用旧材料的，所以采购周转材料时，勉强满足施工生产使用就可以了；

④采购环节严格把好质量关，所有材料进入施工现场要严格收料及保管制度，确保质量、数量；

⑤材料租赁、折旧都与施工工期有关，尽量缩短工期；

⑥重视丢失问题，研究制定措施，避免周转材料丢失。

（3）针对项目自身不好控制、不便于管理的辅助性材料，如钢钉、铁丝、火烧丝等，项目部根据工程量计算所需材料量，将其折算费用，可采取费用包干的形式，交由劳务分包队伍包干使用，签订合同时，包含在劳务分包合同价款中。

（4）材料用量控制还要把握材料采购、验收、库存、发放、使用、回收等几个关键环节。坚持余料回收，降低材料消耗水平，降低现场堆放及仓储损耗。

（5）使用降低材料消耗的新材料。

2. 材料价格控制

材料价格主要由项目部的材料部门控制。由于材料价格是由出厂价、运输费及运输中合理损耗费用等组成，因此，控制材料价格，主要是通过掌握市场信息，应用招标、询价等方式控制材料的采购价格。

材料采购时要实行买价控制，大宗材料采购要引入市场竞争机制，在保质、保量的前提下通过招标竞价采购材料。例如预拌混凝土的采购，混凝土的价格要通过项目部招标竞价确定，混凝土的数量要严格按施工图纸的数量控制，不能以混凝土供应商提供的小票工程量进行结算。

项目部在进行材料采购时，同时要考虑项目资金的时间价值，应尽量减少项目资金的占用，降低存货成本。这也是成本管理需要控制的方面。

（三）机械使用费的控制

项目部要根据工程的实际需要，科学、合理地选择施工机械。合理选择、合理使用施工机械对成本控制具有非常重要的意义，尤其是对于高层建筑施工。据某些工程实例统计，高层建筑地面以上部分的总费用中，垂直运输机械费用占 6%~10%。由于不同的垂直运输机械有不同的特点和用途，因此在选择施工机械时，应根据工程特点和施工条件确定采取何种不同的机械设备，在满足施工需要同时，还要考虑到费用的高低和综合经济效益。

机械使用费主要由机械台班数量和台班单价两个方面决定，为了有效控制机械使用费支出，主要从以下几方面控制。

（1）合理安排施工生产，加强机械设备租赁计划管理，减少因安排不当引起的设备闲置。

（2）加强机械设备的调度工作，避免窝工，提高现场设备利用率。

（3）要求提供施工机械的租赁单位定期对施工机械设备进行保养，提高施工机械的完好率，为整体进度提供保证。

（4）做好机上人员与现场管理人员的配合、协调，提高施工机械台板产量。

（5）充分利用现有的施工机械设备，内部合理调配，力求提高主要施工机械的利用率，充分挖掘施工机械的效能。

（四）分包工程费用的控制

分包工程价格的高低，对项目成本的影响也较大。因此，施工项目成本控制的重要工作之一是对分包工程价格的控制。项目部应在确定施工方案的初期就要确定分包工程的范围。

决定分包工程范围的主要因素是施工项目的专业性和项目规模。

对分包费用的控制，主要是利用企业或项目部长期合作的、稳定的分包关系网，做好分包工程的招标、询价工作，科学、合理地确定分包工程价格。在施工中采取严格的管理手段，包括合同的签订、预付款和工程款的支付、保函、质保金的扣留等，现场要严格实施全方位的监控、管理，并加强施工验收和分包工程结算，分包工程完工后及时办理分包结算、锁定分包成本。

（五）其他直接费的控制

其他直接费主要包括工程水电费、垃圾清运费等其他费用。

对此，要本着节约原则，推行承包机制，对现场各类分包商实行收费管理，减少开支、节约成本。

（六）现场管理费的控制

现场管理费（亦称项目间接费）包括临时设施费和现场经费，该费用中开支较大的主要是临时设施费，项目管理人员的工资、福利费、交通费和业务招待费等。

（1）临时设施费的控制。施工现场的临时设施只是临时工程，一旦工程结束，这些临时设施必须拆除，所以项目部在考虑临时设施的时候，要根据工程现场的实际情况，本着节约、科学、合理、实用，并且能周转使用的原则进行布置建设。控制临时设施费，关键要解决好企业决策者的一个观念问题，如一个企业有十个工程项目，那么这十个工程项目没有必要个个都创文明工地、样板工地。

（2）其他费用控制。项目部要做到：制订开支计划，精简管理人员，实施总额控制；严格控制招待费用开支，对各项费用按费用性质落实责任部门和人员；对特殊性开支和较大数额开支，要进行会议研究，并报企业领导审批。

三、成本核算

目前施工项目进行成本核算的方法是按照权责发生制的原则进行成本核算。成本核算主要包括的内容有：

（1）人工费（劳务费）核算；

（2）材料费核算；

（3）施工机械使用费核算；

（4）分包工程费核算；

（5）临时设施费核算；

（6）间接费核算；

（7）其他直接费核算。

项目成本核算所提供的各种成本信息是成本预测、成本计划、成本控制、成本分析、成本考核等各个环节的依据。

四、成本分析

成本分析是在成本核算的基础上，对成本的形成和影响成本形成的因素进行的分析。成本分析的目的是通过分析寻求进一步降低成本的方法和措施，并纠正成本执行的偏差。成本分析应贯穿于施工项目成本管理的全过程中。

五、成本考核

成本考核是对成本降低的实际效果的衡量，也是对成本指标利用 Internet 网络技术，建立信息系统，实现企业对项目部、项目部对项目成本管理的有效控制，这是施工项目成本管理的必经之路。

第三节 施工企业对项目成本的管理

一、项目经理的产生

项目经理责任制是我国施工管理体制上一个重大的改革，对加强工程项目成本管理、提高工程质量起到了很好的作用。项目经理是施工企业某一具体工程项目施工的主要负责人，他的职责是根据企业法定代表人的授权，对工程项目自开工准备至竣工验收，实施全面的组织管理。根据《建造师执业资格制度暂行规定》（人发〔2002〕111 号）规定，大中型工程项目的项目经理必须由取得建造师执业资格的建造师担任。但选聘哪位建造师担任项目经理，则由企业决定，是企业行为。所以施工企业对项目进行管理，首要的任务是确定项目经理。

工程中标后，企业依据中标工程规模、工程性质、结构类型、合同工期、合同造价及招标文件的有关要求，本着精干高效的原则，综合考虑设定项目部类别，并提出编制定员方案。为了有利于企业内部竞争机制的建立与形成，工程的项目经理一般在企业内部公开招聘产生。工程的项目经理确定后，由其提名组建项目部其他管理人员，如技术、质量、安全、经营、物资、行政等管理人员。

建筑企业目前较多采用二级管理的管理模式，企业是通过管理项目部来实现对项目的管理的。每一个施工企业为了提升企业应对市场的能力，适应市场经济发展的要求，挖掘企业内部潜力，都会制定和完善企业内部激励机制和承包体制，从而达到提高企业经济效益的目的。所以企业经过测算，会对项目经理及时下达项目成本管理目标，并要求项目部建立以项目经理为中心的成本控制体系，以确定项目部成员的成本责任、权限及相互关系，形成全面、全过程的成本控制。项目经理的职责之一是编制项目的成本计划，并以成本计划控制项目成本。

二、企业与项目部的关系

施工项目是施工企业效益的源泉、信誉的窗口，也是施工企业一切经营管理的落脚点。施工项目部为企业一次性的工程项目管理组织，直属企业管理，业务上直接接受企业管理层及各业务部门的指导、监督和考核；负责完成企业下达的各项指标，全面履行施工合同。作为企业中的各部室也要及时协助项目部开展工作。

【举例】某施工企业制度中规定企业各职能部门协助项目部开展工作的主要职责如下：

（一）企业的经营管理部门

（1）负责中标工程《建设工程施工合同》的签订工作，并及时对项目部进行合同交底等工作。

（2）根据图纸及中标资料进行工程成本测算，于项目经理竞聘会前确定成本指标，为企业选择项目经理做准备。

（3）负责与项目部进行项目承包目标责任书的签订工作。

（二）企业的人力资源管理部门

（1）组织各部门召开中标工程前期工作会议，根据业主及企业相关要求，编制、发布项目经理竞聘公告、竞聘文件，并尽快组织项目经理竞聘会，确定项目经理，发布项目经理中标公告。

（2）负责协助业务系统组建项目部，落实项目部管理人员名单及进行管理人员调配。

（3）完成项目部管理人员工作单位的变更和备案，完成人员相应资质的管理。

（三）企业的财务管理部门

（1）负责施工项目前期使用资金的运作。

（2）及时按施工合同要求办理各种担保、保函，以确保担保和保函的办理不影响项目施工合同的签订和备案工作。

（3）协助项目部办理建设工程施工人员意外伤害险及农民工工伤保险的办理工作。

（4）负责制定工程款收款指标，负责向经营管理部门及项目部提供两个近期同类工程的制造成本资料，为编制成本计划做准备。

（四）企业的工程技术管理部门

（1）负责中标工程投标施工组织设计的交底工作。

（2）审核项目部编制的实施性施工组织设计，组织企业中各部门会审。

（3）审核工程质量目标设计，组织项目部签订创优工程质量责任状。

（4）确定项目工期管理目标。

（5）负责材料、机械、设备的采购及租赁的招标管理工作。

（6）负责劳务分包的招标管理工作。在工程进场一定时间内，严格组织资格预审，筛选掉不合格的劳务队伍，完成劳务队的招投标工作及协助项目部进行劳务合同签订、备案等工作。

（7）负责审核工程总工期指标、分部工程工期指标（±0.00 结构封顶、工程竣工）及水电配合工期。

（五）企业的安全管理部门

（1）负责审核工程临时设施搭建方案。

（2）确定工程安全文明施工指标。

（3）协助项目部进行安全文明及企业 CIS 标识、系统设施的配备工作。

在项目运营过程中，企业机关的各职能部室根据部室职责及各项目的具体情况主动协助项目部完成工作。

三、管理的原则

建筑业与其他行业相比，具有单体性、特殊性和多样性的特点，没有规律可循，施工企业要有清醒的客观认识。施工企业的经营管理就是企业管理项目部，展开企业的经营管理，控制项目的成本费用。但是，目前施工企业的含金量较低，企业要盈利需要扩大规模，增加规模效益，但企业规模扩大了，面临的市场环境又较为复杂，企业要想全方位地控制所有的项目部也是不现实的，所以，企业就必须促使项目部进行自控，即企业要创新机制，依靠机制激励项目部自控，降低项目成本支出。实践证明只要企业的责任制和问责制建立健全了，这个问题是可以得到解决的。

（1）合理确定成本目标。企业对项目部下达成本目标测算时要做到合理、明确。很多企业在实践中是这样操作的：经过测算，要求项目部以工程造价为基数，上交公司一定比率的管理费，除此之外，项目部不再承担该项目的其他费用。这样简单直接的成本目标，只要企业测算的上交指标合理，项目部也是愿意接受并认可的。这样使项目部在施工过程中，尤其是进行洽商办理时心明眼亮、有的放矢。

（2）企业对项目部明确权责，调动项目部管理人员的积极性。

①项目部用人权。项目部的管理人员的组建权及进退权应交给项目经理。项目经理有权确定项目管理人员队伍，并进行工作任务分工、对下属人员授权、对职工工作表现进行评价等，这样有助于形成一个忠诚团结的团队，让项目部团结一心，提高他们管理的积极性。

②项目部的分配权。如项目部管理人员的工资等级、奖金、项目福利条件等分配权一定要交给项目部，这样才能起到及时激励的作用。

③分包队伍选择权及采购权。分包招标及材料采购由项目部组织确定，企业应在签订合同时严格把关，并对分包的资信、价格等进行评审。

（3）资金管理科学、透明。企业对项目的资金管理应该按照制度分配，避免人为干扰；对企业内部资金的使用也要计算财务费用，对内部相互恶意拖欠要有相应的惩罚措施，激励项目部与工程的发包人及时计量、收款。

（4）企业要坚持定期或不定期对项目部进行成本考核，并进行各项目部间的横向对比，组织经济活动分析会，总结成本管理的经验，提高企业成本管理水平。

第七章 投标、签约阶段成本控制

第一节 投标评审阶段的控制

施工企业要做好投标工程，实现项目利润最大化，必须把好投标评审的源头关，对投标工程信息进行综合评审，避免投标的盲目性。

一、工程信息跟踪阶段

在获得招标工程信息后，应及时与业主取得联系，尽可能多地了解业主的意图，有侧重地向业主展示施工企业的实力，让业主在编制资格预审文件和招标文件评分办法时，尽量倾向本企业。

二、投标项目评审阶段

面对各类繁多的建设单位和投资人，若盲目地进行投标，即使中标也会有经营风险，因此，在投标前，施工企业应准确掌握建设单位的社会信誉、工程概况、立项文件、工程所在地的工料机市场价格、工程资金状况、付款方式，以及工程竣工后的结算支付能力等。充分了解工程的信息后，才能进行投标前的评审。施工企业结合本企业的资源，有针对性地选择和放弃一些项目，将人力、财力、物力投入利益更为丰厚的项目上，才能取得较好的经济效益。

第二节 投标阶段的控制

一、资格预审阶段的控制

要针对资格预审文件的要求进行编制。除此之外，本阶段仍要与业主加强联系、沟通，可以邀请业主参观、考察本企业及类似工程业绩，让业主对本企业的综合实力有一个全面了解。

二、投标实施阶段的控制

（一）做好投标组织工作

做好投标组织工作，投标组织者要把握好几次关键的会议。

1. 标前预备会

根据招标须知，投标组织者要了解投标工程具体情况，进行投标工作分工，制订工作计划，必要时倒排工作计划，必须要预留足够的时间来进行投标分析、投标前的成本测算和定标前的领导决策。

2. 中间沟通会

投标组织者根据投标工作进展，如施工部署、方案比选、工程量核实、材料询价等情况，并结合业主的答疑文件定期召开沟通会，一般每2天召开一次沟通会。

3. 回标分析会

投标组织者对投标工程的各种指标进行分析。其中最主要的是对措施费的报价与施工组织设计作符合性分析，即经济标与技术标的统一。

4. 定标会

投标组织者组织施工企业中报价主管以上人员，召开会议，进行投标工程的成本测算，并进行决策及定标。

（二）做好投标研究工作

1. 研究招标文件

目前国内建筑市场指导企业招投标的主要文件有《中华人民共和国标准施工招标文件 2007 年版》及《清单计价规范》（GB 50500–2008）。

根据《中华人民共和国标准施工招标文件 2007 年版》规定，一般工程的招标文件主要包含以下内容：招标公告、投标人须知、评标办法、合同条款及格式、工程量清单、图纸、技术标准和要求、投标文件格式。

施工企业在领取招标文件和图纸后，要立即组织有关人员熟悉、研究招标文件和施工图纸，并对疑问要进行记录、收集，以便在招标人组织的招标会上向招标方提问。在研究招标文件时，必须对招标文件的每句话、每个字都认认真真地研究，投标时要对招标文件的全部内容进行响应，如误解招标文件的内容，会造成不必要的损失。招标文件中经常会出现图纸、技术规范和工程量清单三者之间在范围、做法和数量上互相矛盾的现象，要及时提交答疑文件，避免由于失误而造成不必要的损失。研究招标文件的同时，企业还要研究投标竞争对手情况。

2. 研究评标办法

评标办法是招标文件的组成部分，目前，我国主要采用经评审的最低投标价法和综合评估法。投标人中标与否是按评标办法的要求进行评定的，所以要特别熟悉评标办法。若发现有显失公平且对己不利的地方，要及时向招标人、招标办及建设主管部门提出，争取消除不利因素。

3. 研究合同条款

进行风险分析合同的主要条款是招标文件的组成部分。承发包双方履约价格的体现方式、结算的依据、争议的解决、违约责任的约定也主要是依靠合同来约定。因此施工企业的投标人要对合同特别重视。

（1）分析价格。这是投标人成败的关键，主要看清单综合单价的调整，能不能调，如何调。根据工期和工程的实际情况进行价格风险的预测。

（2）分析工期及违约责任。根据编制的施工方案或施工组织设计，分析能不能按期完工，如不能按期完工，企业可能会承担怎样的违约责任，工程有没有可能发生变更。例如，必须对地质资料进行充分的了解，复杂的地质情况会影响工程的正常施工，施工企业将面临工期违约的风险等。

（3）分析付款方式。这是投标人能否保质、保量地按期完工的条件，现实中，有许多工程由于招标人不按期付款而造成停工，给承发包双方都造成了很大的损失。

总之，施工企业的投标人员要对各个因素进行综合分析，并根据权利义务进行对比分析，只有这样才能很好地预测风险，并采取相应的对策。

4. 研究工程量清单

工程量清单是招标文件的重要组成部分，是招标人提供的，供投标人用以报价的工程量，也是最终结算及支付的依据。所以必须对工程量清单中的工程量在施工过程及最终结算时是否会变更等情况进行分析，并分析工程量清单包括的具体内容。只有这样，投标人才能准确把握每一清单项的内容范围，并作出正确的报价。

（三）按照招标文件及现行《清单计价规范》编制经济标书

《清单计价规范》（GB 50500—2008）中工程量清单包括分部分项工程量清单、措施项目清单、其他项目清单、规费项目清单和税金项目清单五部分。其中规费项目清单包括工程排污费、工程定额测定费、社会保障费（养老保险费、失业保险费、医疗保险费）、住房公积金、危险作业意外伤害保险；税金项目清单包括营业税、城市维护建设税、教育费附加。影响工程投标报价的主要是分部分项工程量清单报价及措施项目清单报价。

1.分部分项工程量清单报价

分部分项工程量清单报价占总价比重大，依据施工方案创新降低成本的空间相对较小。主要取决于投标报价人员对市场价格信息的掌控、预测及对实体消耗量的合理确定。对此部分，主要做好以下工作。

（1）工程量的确认。招标人提供的工程量清单中的工程量是工程净量，不包括任何损耗及施工方案和施工工艺造成的工程增量，所以要认真研究工程量清单包括的工程内容及采取的施工方案，有时清单项目的工程内容是明确的，有时并不那么明确，要结合施工图纸、施工规范及施工方案才能确定。

（2）工程量的复核。对于固定总价合同，需要复核清单工程量，这是无可置疑的；对于固定单价合同，也有必要复核清单工程量，一般要复核以下项目的工程量。

建筑工程：钢筋、混凝土、土方、保温、防水等工程量。装饰工程：地面、墙面、天棚、外墙面、门窗及幕墙等工程量。

专业工程：全部设备、电缆、灯具、桥架、散热器、洁具、特殊阀门、不锈钢管、铜管等工程量。

（3）确定使用的消耗量定额。投标人结合企业综合管理水平，确定投标使用的人工、材料消耗量定额。

（4）投标询价。施工企业应注意平时积累，多收集各种投标数据及采购数据。为确保投标报价的准确性，对新型材料设备至少要向三家单位进行询价。对待专业分包工程的询价工作，询价时做到让分包单位报送技术方案，由技术和经营管理人员共同负责比选确定。

（5）确定计价标准。投标人确定人工工日单价及企业必须计取的管理费费率等。

2.措施项目清单报价

措施项目清单的报价占总价的比重虽然低于分部分项工程，但是其影响工程报价的不确定因素多。例如，施工方案是否先进、科学，投标团队是否相对固定、人员业务知识是否满足编制要求等。

（1）措施费报价需要经营和技术管理人员的相互配合。措施费是成本的一部分，成本管理是一项全员参与的系统工程，尤其是技术管理和经营管理的结合。很多项目现在存在的问题是技术管理人员缺乏经营意识，而经营管理人员缺乏技术知识，导致技术管理与经营管理的脱节。一份完整的措施费报价要通过施工方案、材料和机械询价、预算计价三个方面相互配合才能完成，而这三方面的工作又需要由技术管理人员、材料管理人员、经营管理人员来完成。

目前存在的不良现状是，这三方面看起来分工明确，相关人员各司其职，但是他们之间缺少控制成本的责任，技术管理人员为了保证工程质量，采取了可行但不经济的技术措施，必然会增加成本；材料管理人员若不了解招标工程的详细情况，如材料的技术要求、工程款支付、工期要求，必然咨询不到真实合理的价格；经营管理人员若不参与方案的研讨，也就难以了解方案的决定过程，从而对消耗量、周转率的计算缺少依据，很可能造成报价脱离方案、脱离成本。所以一定要做好协调配合工作，不能各自为战。

（2）科学先进、切实可行的施工组织设计是保证措施费报价质量的有力保证。优化工程的施工组织设计、施工方案，一定要切合本工程实际情况，尽量采用先进实用的机械设备和施工工艺，力求降低成本。报价人员不要盲目依据预算定额计价，要依据施工组织设计的施工方案计价，而且要对施工方案进行有效的技术经济比较，施工方案的优劣对措施费用的高低起到决定性作用。

（3）利用项目部的有效资源进行报价。针对项目部自行组织的投标工作，可以利用项目部的有效资源进行报价。除了经营管理人员外，项目经理对人、财、物进行统筹安排，可以使资源反复利用，降低报价；工程技术管理人员熟悉施工工艺，对一次性投入的周转材料数量、材料采购计划安排、摊销性材料使用次数等最有发言权，财务和行政管理人员掌握着日常经费的使用标准，有了这些人的参与，报价工作就会变得很轻松，对报价结果心里也就有底了。

三、投标工程的成本测算工作

在工程投标前，企业要进行投标工程的成本测算。施工企业为了健康持续地发展，在每个年度之初，都会制定企业的市场营销目标，所以施工企业经常处于"找米下锅"的紧张状态，公司上下忙于找信息，忙于搞投标，利用一切可以利用的资源。为了中标，企业把投标价一降再降、越压越低，致使有的工程项目承接后，管理稍一放松，就会有亏损的情况发生。因此，做好投标前的成本预测，科学合理地计算投标价格及投标决策，显得尤为重要。企业在投标报价时要认真识别招标文件所涉及的每一个经济条款，了解业主的资信及履约能力，确有把握再组织进行投标工作。在标书报出前，要组织有关专业人员进行评审论证，在此基础上，再进行最后决策。

（1）建立企业内部价格体系。为做好投标前的成本预测，施工企业要根据市场行情，不断收集、整理、完善，并使之符合本企业实际的内部价格体系，为快速准确地预测投标工程的成本提供有力保证。

（2）对投标工程进行成本测算。虽然实体部分占工程总价比重大，但依据施工方案创新来降低成本的空间相对较小。只要准确把握市场价格信息、合理确定消耗量，成本测算工作是比较容易把握的。

措施项目报价影响工程报价的不确定因素多，不同的施工方案对建设项目造价影响不同，作为施工企业，为了追求最大效益，采用怎样的技术施工方案带来的利益最直接，需要投标人员进行认真分析对比才能决定，这也是成本测算的重点工作。

四、投标阶段的风险防范

（一）增强风险防范意识

招标人因为本身的进度要求，给予投标人的准备时间往往是不充分的，而且在招投标阶段，仍存在着一些不确定因素，所以在投标文件中，施工组织设计有一定的不准确性和潜在风险，这使措施项目清单亦相应地不准确和存在风险。招标单位往往都把这种风险和矛盾转嫁给了承包人。所以施工单位在投标和签订合同过程中，要加强风险防范意识。

（二）投标时加强风险防范

措施项目费用的组成，一部分是根据工程量的大小而确定的措施费，一部分是根据工程的具体情况和特点而确定的措施费。根据工程量的大小而确定的措施费，投标报价时必须重视工程量的准确性。根据工程的具体情况和特点而确定的措施费，投标报价时要全面理解招标文件，熟悉施工程序、施工方法、施工工艺和具体工程的特点。施工企业在投标工程施工组织设计中所采用的机械、采取的工程措施要同报价清单中措施项目一致。在施工组织设计中，不要编制施工中根本不需要的机械设备，否则评标委员会会认为措施项目报价与施工组织设计不符。更为严重者，在合同履行过程中，甲方可能会因不履行合同而拒付该部分措施费。

五、投标报价技巧

施工企业为了取得较好的经济效益，在投标报价时，会针对每一个项目，采取不同的投标报价技巧。其中，施工企业比较常用的报价技巧是采用不平衡报价法。

使用不平衡报价法，主要是施工企业在投标总价已经确定的情况下，有策略地调整报价书中个别项目的报价，以期既不提高总价，不影响工程中标，又能为日后的索赔与结算奠定基础，从而获得更大的经济效益。不平衡报价法主要运用在以下几个方面。

（1）对于没有工程预付款的投标工程，施工企业在报标时，在投标总价确定的基础上，可以调高在工程前期施工项目的报价，以期减轻施工企业的资金压力。如报价时有策略地增高基础工程、土石方工程等报价，降低后期施工的工程项目的报价。

（2）对于业主提供的工程量清单报价，施工企业要组织人员对业主提供的工程量进行核实，对工程施工后可能会增加工程量的项目，报价要高一些，对有可能减少工程量的项目，报价要低一些。

（3）对于业主提供的设计图纸不明确的，以施工企业的经验预计施工中会增加的项目，报价要高一些；对于业主给定的暂定项目中预计承包人自己将来能承包的项目也要报价高一些。

（4）对于工程内容不清楚，施工中有可能发生争议的项目和暂定项目中预计承包人自己不能承接的项目，报价必须低一些。

正确的投标策略对提高中标率并获得较高的利润有重要的作用，除了不平衡报价法外，施工企业的投标策略还有以信誉取胜、以低价取胜、以缩短工期取胜、以改进设计取胜、以先进或特殊的施工方案取胜等。

六、制作高质量的投标书

投标书是投标人依照招标人提供的招标文件制作的投标文件。它不仅是施工企业参与竞争投标的承诺，也是企业综合管理水平的反映。每一个招标工程都有时间限制，所以投标人必须在招标有效期内，抓紧时间编制高质量的投标书，这是施工企业参与投标竞争能否取胜的关键。

总之，投标工作是一个系统工程，同企业的施工生产及其他工作相辅相成、互相关联。投标工作做不好，中标率就低，施工生产的任务就缺少，就会有很多人员下岗、待岗，企业经济效益就差，就会影响企业所有其他的工作；同样，施工生产上不去，进度滞后，质量差，安全事故多，企业其他工作做不好，就会导致企业信誉、业绩差，影响企业投标，中标率就低。相反，投标工作做得好，中标率就高，施工生产任务就饱满，若管理得好，经济效益就好，企业的其他工作就容易做好；同样，施工生产工作做得好，施工质量好，优良率高，无安全事故，企业其他工作做得好，企业的信誉、业绩就好，投标就可以加分，业主也就会放心把工程交给企业建造。

第三节 签约阶段的控制

中标后，承发包双方按照中标通知书规定进行《建设工程施工合同》的签订工作。施工企业的《建设工程施工合同》必须经过评审后再签订。

（1）《建设工程施工合同》起草对新承接工程的《建设工程施工合同》，一般由企业的经营管理部门负责起草"合同草案"，并就合同约定内容与业主进行协商、洽谈，项目部相关人员配合。

（2）《建设工程施工合同》评审范围施工企业对《建设工程施工合同》要进行严格的评审，一般评审范围如下。

①对发包人资信情况的全面性、可靠性进行评审，对合同文本中有关文件的正确性、依据的完整性进行评审。

②对合同中的工程造价、工程预结算调整方式的合理性及违约责任、索赔规定等相关条款进行评审。

③对工期和实现工期目标的措施、施工难点、控制方法、保修与承诺进行评审。

④对质量保证体系、图纸与竣工资料要求、新工艺、新技术施工方案进行评审。

⑤对环境与职业健康安全指标、安全技术措施进行评审。

⑥对履约保函、保证金、违约金、资金风险、款项拨付、财务结算及奖罚规定进行评审。

⑦对人力资源配置和劳务资源保障能力进行评审。

⑧对有关行政、消防保卫等条款进行评审。

⑨对合同文本的有效性、合法性、风险性进行评审。

⑩对于风险较大、条款苛刻的合同，施工企业的领导要亲自组织召开会议，讨论施工合同签订与否。

合同评审完毕后，针对评审提出的有关问题，施工企业在合同签订时要与业主据理力争，充分利用合同签订的机会，对相关不利的条款与业主协商，尽可能做到公平、合理，力争将风险降至最低限度后再与业主签约。

总之，项目成本管理的各个阶段都要以讲求经济效益为前提，投标要为施工经营生产做好铺垫，施工管理过程中要及时收集、积累有效施工记录，为竣工结算做好准备，这样项目管理才能实现效益最大化。

第八章 电力工程项目收尾管理

第一节 电力工程项目竣工收尾与验收

一、电力工程项目竣工计划的编制

电力工程项目竣工收尾是项目结束阶段管理工作的关键环节，项目经理部应当编制详细的竣工收尾工作计划，采取有效措施逐项落实，确保按期完成任务。

（一）电力工程项目竣工计划的编制程序

电力工程项目竣工计划的编制应当按以下程序进行。

（1）制订项目竣工计划。项目收尾应详细清理项目竣工收尾的工程内容，并列出清单，做到安排的竣工计划有切实可靠的依据。

（2）审核项目竣工计划。项目经理应当全面掌握电力工程项目竣工收尾条件，认真审核项目竣工内容，做到安排的竣工计划有具体可行的措施。

（3）批准项目竣工计划。上级主管部门应当调查核实项目竣工收尾情况，根据报批程序执行，做到安排的竣工计划有目标可控的确保。

（二）电力工程项目竣工计划的内容

电力工程项目竣工计划的内容应当包括现场施工和资料整理两个部分，两者缺一不可，两部分都关系到竣工条件的形成，具体包括以下几个方面。

（1）竣工项目名称。

（2）竣工项目收尾具体内容。

（3）竣工项目质量要求。

（4）竣工项目进度计划安排。

（5）竣工项目文件档案资料整理要求。

（三）电力工程项目竣工计划的检查

电力工程项目竣工收尾阶段前，项目经理和技术负责人应当定期和不定期地组织对项目竣工计划进行反复的检查。有关施工、质量、安全、材料、内业等技术、管理人员要积极协作配合，对列入计划的收尾、修补、成品保护、资料整理、场地清扫等内容，要按照分工原则逐项检查核对，做到完工一项、验证一项、消除一项，不给竣工收尾留下遗憾。

电力工程项目竣工计划的检查应当依据法律、行政法规和强制性标准的规定严格进行，发现偏差要及时进行调整、纠偏，发现问题要强制执行整改。竣工计划的检查应当满足下列要求。

（1）全部收尾项目施工完毕，且工程符合竣工验收条件的要求。

（2）工程的施工质量经过自检合格，各种检查记录、评定资料齐备。

（3）水、电、气、设备安装、智能化等经过试验、调试，达到使用功能的要求。

（4）建筑物室内外做到文明施工，四周 2 米以内的场地达到工完、料净、场地清。

（5）电力工程技术档案和施工管理资料收集、整理齐全，装订成册，符合竣工验收规定。

二、电力工程项目竣工自检

项目经理部完成电力工程项目竣工计划，并确认达到竣工条件后，应当按规定向所在企业报告，进行项目竣工自查验收，填写工程质量竣工验收记录、质量控制资料核查记录与工程质量观感记录表，并对工程施工质量做出合格结论。

电力工程项目竣工自检的步骤为：

（1）属于承包人一家独立承包的电力工程施工项目，应当由企业技术负责人组织项目经理部的项目经理、技术负责人、施工管理人员和企业的有关部门对工程质量进行检验评定，并做好质量检验记录。

（2）对于依法实行总分包的电力工程项目，应当根据法律、行政法规的规定，承担质量连带责任，按规定的程序进行自检、复检和报审，直到项目竣工交接报验结束为止。

（3）当项目达到竣工报验条件后，承包人应向电力工程监理机构递交工程竣工报验单，提请监理机构组织竣工预验收，审查工程是否符合正式竣工验收条件。

三、电力工程项目设施与设备试运行与试验

电力工程项目设施与设备的试运行和试验工作一般包括：安排各种设施、设备的试运转和考核计划；编制各运转系统的操作规程；对各种工艺设备、电气、仪表和设施进行全面的检查和校验；对单体设备的性能、参数进行单体运转和考核；进行电气工程的全负荷试验，管网工程的试水、试压试验等。

（一）火力发电工程启动试运行

机组的启动试运是全面检验主机及其配套系统的设备制造、设计、施工、调试与生产准备的重要环节，是确保机组安全、可靠、经济的投入生产，形成生产能力，发挥投资效益的关键性程序，机组的启动试运通常分为"分部试运、整套启动试运、试生产"三个阶段。凡是具备移交生产条件的机组，必须及时办理固定资产交付使用手续。

机组的启动试运及其各阶段的交接验收，应当在试运指挥部的领导下进行。整套启动试运阶段的工作，必须由启动验收委员会进行审议和决策。

机组启动试运阶段的调试工作，应当按原电力部颁发的《火电工程启动调试工作规定》进行。机组启动的验收评定应按原电力部颁发的《火电工程调整试运质量及评定标准》进行，合格后移交试生产。

（二）变电站工程启动试运行

（1）根据试运方案，主变压器从零位升压或按额定电压冲击合闸5次。满负荷运行24小时，如运行正常，试运行即告完成。当由于客观原因不能带满负荷时，试运负荷由验收委员会确定。

（2）24小时试运完成后，应当对各种设备做一次全面检查，处理缺陷和异常情况。对暂时不具备处理条件而又不影响安装运行的项目，由验收委员会规定负责处理单位和完工时间。

（3）由于设备制造缺陷，无法达到规定要求时，由建设单位或总承包单位通知制造厂负责消除，施工单位应积极配合处理，并做好记录。国外设备的缺陷在无制造厂代表时，由建设单位会同设计单位、施工单位提出处理意见，报主管局审批后指定单位进行处理。

（4）试运行过程中，应当按启动方案进行带负荷试验并对设备的各项运行数据做出详细记录。

（5）国外引进设备的启动试运行按合同规定进行，合同无明确规定的执行《110kV及以上送变电工程启动及竣工验收规程》（DL/T 782–2001）。

（三）线路加压试验和试运行

经检查线路已具备加压试运行条件后，验收委员会在系统调度部门的密切配合下，通知试运指挥组进行加压试运行。试运行前应对下列各项进行检查。

（1）按《110~150kV 架空送电线路施工及验收规范》（GB 50233–2005）的规定进行下列电气试验：

①测定线路绝缘电阻。

②测定线路工频参数，必要时测试高频特性。

③核定线路相位。

A.具备条件时，将电压由零值逐渐升高至额定电压，以线路额定电压冲击合闸 3 次。

B.当不具备零起升压的条件时，也可用额定电压直接冲击合闸 3 次。

C.如需增加试验项目和内容，由验收委员会按照具体条件决定。

（2）如线路试验结果符合要求，即以线路额定电压带负荷试运行，在 24 小时内正常运行，未曾中断，试运行即告完成。线路交由生产单位管理。

四、电力工程项目竣工验收

（一）电力工程项目竣工验收的范围

电力工程项目的竣工验收是资产转入生产的标志，是全面考核和检查建设工程是否符合设计要求和工程质量的重要环节，同时也是建设单位会同设计、施工单位向国家（或投资者）汇报建设成果和交付新增固定资产的过程。建设单位对已符合竣工验收条件的电力工程项目，要根据国家有关部门关于《建设项目竣工验收办法》的规定，及时向负责验收的主管单位提出竣工验收申请报告，适时组织建设项目正式进行竣工验收，办理固定资产移交手续。电力工程项目竣工验收的范围如下：

（1）凡是列入固定资产投资计划的新建、扩建、改建、迁建的建设工程项目，或单项工程按批准的设计文件规定的内容和施工图纸要求全部建成符合验收标准的，必须及时组织验收，办理固定资产移交手续。

（2）对于使用更新改造资金进行的基本建设或属于基本建设性质的技术改造工程项目，也应按国家关于电力建设项目竣工验收规定，办理竣工验收手续。

（3）对于小型基本建设和技术改造项目的竣工验收，可按照有关部门（地区）的规定适当简化手续，但必须按规定办理竣工验收和固定资产交付生产手续。

（二）电力工程项目竣工验收的程序

1. 发送《竣工验收通知书》

电力工程项目完成后，承包人应当在检查评定合格的基础上，向发包人发出预约竣工验收的通知书，提交工程竣工报告，并说明拟交工程项目的情况，商定有关竣工验收事宜。承包人应当向发包人递交预约竣工验收的书面通知，说明竣工验收前的准备情况，包括施工现场准备和竣工资料审查结论。发出预约竣工验收的书面通知应表达两个含义：

（1）承包人按施工合同的约定已全面完成建设工程施工内容，预验收合格。

（2）请发包人按合同的约定和有关规定，组织施工项目的正式竣工验收。

2. 正式验收

电力工程项目正式验收的工作程序一般分为两个阶段进行。

（1）单项工程验收。单项工程验收是指建设项目中一个单项工程，按设计图纸的内容和要求建成，并能满足生产或使用要求，达到竣工标准时，可以单独整理有关施工技术资料及试车记录等，进行工程质量评定，组织竣工验收和办理固定资产转移手续。

（2）全部验收。全部验收是指整个建设项目按设计要求全部建成，并且符合竣工验收标准时，组织竣工验收，办理工程档案移交及工程保修等移交手续。在全部验收时，对于已验收的单项工程不再办理验收手续。

3. 进行工程质量评定，签发"竣工验收证明书"

验收小组或验收委员会按照设计图纸和设计文件的要求，以及国家规定的工程质量检验标准，提出验收意见，在确认工程符合竣工标准和合同条款规定之后，应向施工单位签发"竣工验收证明书"。

4. 进行"工程档案资料"移交

"工程档案资料"是电力工程项目施工情况的重要记录，电力工程竣工后，应立即将全部工程档案资料按单位工程分类立卷，装订成册，然后，列出工程档案资料移交清单，注册资料编号、专业、档案资料内容、页数及附注。双方按清单上所列资料，查点清楚，移交后，双方在移交清单上签字盖章。移交清单一式两份，双方各自保存一份，以备查对。

5. 办理工程移交手续

工程验收完毕，施工单位要向建设单位逐项办理工程和固定资产移交手续，并签署交接验收证书和工程保修证书。

（三）电力工程项目竣工验收的内容

电力工程项目竣工验收的内容主要包括如下 5 种。

1. 隐蔽工程验收

隐蔽工程是指在施工过程中上一工序的工作结束，被下一工序所掩盖，而无法进行复查的部位。对这些工程在下一道工序施工以前，建设单位驻现场人员应根据设计要求及施工规范规定，及时签署隐蔽工程记录手续，以便承包单位继续施工下一道工序，同时，要将隐蔽工程记录交承包单位归入技术资料；如果不符合有关规定，应以书面形式告诉承包单位，令其处理，符合要求后再进行隐蔽工程验收与签证。

隐蔽工程验收项目及内容有：对于基础工程，要验收地质情况、标高尺寸、基础断面尺寸，桩的位置、数量。对于钢筋混凝土工程，要验收钢筋的品种、规格、数量、位置、形状、焊接尺寸、接头位置、预埋件的数量、位置以及材料代用情况。对于防水工程要验收屋面、地下室、水下结构的防水层数、防水处理措施的质量。

2. 分项工程的验收

对于重要的分项工程，建设单位或其代表应根据工程合同的质量等级要求，按照该分项工程施工的实际情况，参照质量评定标准进行验收。在分项工程验收中，必须严格根据有关验收规范选择检查点数，然后计算检验项目与实测项目的合格或优良的百分比，最后确定出该分项工程的质量等级，从而确定能否验收。

3. 分部工程验收

在分项工程验收的基础上，按照各分项工程质量验收结论，对照分部工程的质量等级，以便决定是否验收。另外，对单位或分部土建工程完工后交转安装工程施工前，或中间其他过程，均应当进行中间验收，承包单位得到建设单位或其中间验收认可的凭证后，才能继续施工。

4. 单位工程竣工验收

在分项工程的分部工程验收的基础上，通过对分项、分部工程质量等级的统计推断，结合直接反映单位工程结构及性能质量确保资料，便可系统地核查结构是否安全，是否达到设计要求；再结合观感等直观检查以及对整个单位工程进行全面的综合评定，从而决定是否验收。

5. 全部验收

全部验收是指整个建设项目已按设计要求全部建设完成，并已符合竣工验收标准，施工单位预验通过，建设单位初验认可；对于有设计单位、施工单位、档案管理机关、行业主管部门参加，由建设单位主持的正式验收。

进行全部验收时，对已验收过的单项工程，可以不再进行正式验收和办理验收手续，但应将单项工程验收单独作为全部建设项目验收的附件而加以说明。

（四）电力工程项目竣工验收的方式

为了确保电力工程项目竣工验收的顺利进行，必须根据工程项目总体计划的要求，以及施工进展的实际情况分阶段进行。项目施工达到验收条件的验收方式可分为项目中间验收、单项工程验收和全部工程验收三大类，如表8-1所示。对于规模较小、施工内容简单的建设工程项目，也可以一次进行全部项目的竣工验收。

表8-1 电力工程项目验收方式

序号	类型	验收条件	验收组织
1	中间验收	①根据施工承包合同的约定，施工完成到某一阶段后要进行中间验收；②重要的工程部位施工已完成了隐蔽前的准备工作，该工程部位即将置于无法查看的状态	由监理单位组织，业主和承包商派人参加。该部位的验收资料将作为最终验收的依据
2	单项工程验收（交工验收）	①建设项目中的某个合同工程已全部完成；②合同内约定有分部分项移交的工程已达到竣工标准，可移交给业主投入使用	由业主组织，会同承包商、监理单位、设计单位及使用单位等有关部门共同进行
3	全部工程竣工验收（动用验收）	①建设项目按设计规定全部建成，达到竣工验收条件；②初验结果全部合格；③竣工验收所需资料已准备齐全	大中型和限额以上项目由原国家计委或由其委托项目主管部门或地方政府部门组织验收，小型和限额以下项目由项目主管部门组织验收。验收委员会由银行、物资、环保、劳动、统计、消防及其他有关部门组成，业主、监理单位、施工单位、设计单位和使用单位参加验收工作

第二节 电力工程项目竣工结算与决算

一、电力工程项目竣工结算

（一）电力工程项目竣工结算编制的依据

电力工程项目竣工结算应由承包人编制，发包人审查，双方最终确定。

电力工程项目竣工结算的编制可依据下列资料。

（1）合同文件。

（2）竣工图纸和工程变更文件。

（3）有关技术核准资料和材料代用核准资料。

（4）电力工程计价文件、工程量清单、取费标准及有关调价规定。

（5）双方确认的有关签证和工程索赔资料。

（二）电力工程项目竣工结算的办理原则

电力工程项目竣工结算的办理应当遵循以下原则：

（1）以单位工程或施工合同约定为基础，对工程量清单报价的主要内容，包括项目名称、工程量、单价及计算结果，进行认真地检查和核对，如果是按照中标价订立合同的应对原报价单的主要内容进行检查和核对。

（2）在检查与核对中，如果发现有不符合有关规定，单位工程结算书与单项工程综合结算书有不相符的地方，有多算、漏算或计算误差等情况时，均应及时进行纠正调整。

（3）电力工程项目是由多个单项工程构成的，应当按建设项目划分标准的规定，将各单位工程竣工结算书汇总，编制单项工程竣工综合结算书。

（4）如果电力工程是由多个单位工程构成的项目，实行分段结算并办理了分段验收计价手续的，应当将各单项工程竣工综合结算书汇总编制成建设项目总结算书，并撰写编制说明。

（三）电力工程项目竣工结算的程序

电力工程项目竣工结算的程序可按以下三种方式进行。

1. 一般工程结算程序，如图 8-1 所示

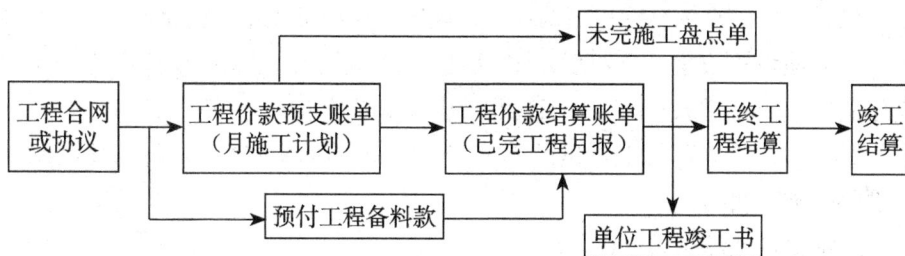

图 8-1 一般工程结算程序

2.竣工验收一次结算程序，如图 8-2 所示

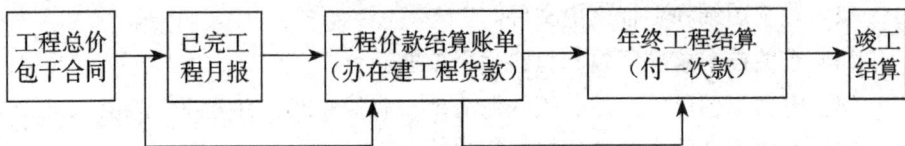

图 8-2 竣工验收一次结算程序

3.分包工程结算程序，如图 8-3 所示

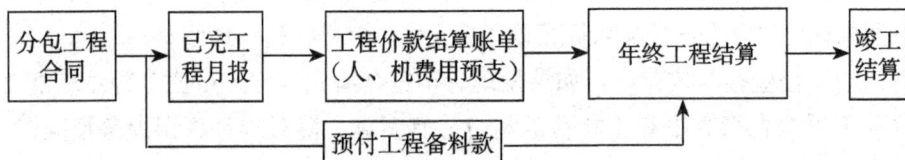

图 8-3 分包工程结算程序

（四）电力工程项目竣工结算的审核

电力工程项目竣工结算是施工单位向建设单位提出的最终工程造价。对于国家计划建设项目来说，竣工结算是施工企业向国家提出的最终工程造价。所以，我们必须本着负责的精神，力求做到符合实际、符合规定、兑现合同。所以，竣工结算一定要经过审核程序。电力工程项目竣工结算审核的内容包括工程量、材料价、直接费、套定额与总表等。

1.项目竣工结算的审核程序

（1）自审。竣工结算初稿编定后，施工单位内部先组织校审

（2）建设单位审。自审后，编印成正式结算书送交建设单位审查，建设单位也可委托有权机关批准的工程造价咨询单位审查。

（3）造价管理部门审。建设单位与施工单位协商无效时，可以提请造价管理部门进行裁决。

2.项目竣工结算的审核方法

（1）高位数法。着重审查高位数，比如整数部分或者十位以前的高位数。单价低的项目从十位甚至百位开始查对，单价高、总金额大的项目从个位起查对。

（2）抽查法。抽查建设项目中的单项工程、单项工程中的单位工程。抽查的数量，可以按照已经掌握的大致情况决定一个百分率，若抽查未发现大的原则性的问题，其他未查的就不必再查。

（3）对比法。按照历史资料，用统计法编写出各种类型建筑物分项工程量指标值。用统计指标值去对比结算数值，一般可以判断对错。

（4）造价审查法。结算总造价对比计划造价（或设计预算、计划投资额）。对比相差大小一般可以判断结算的准确度。

二、电力工程项目竣工决算

（一）电力工程项目竣工决算的依据

电力工程项目竣工决算编制的主要依据有：
（1）项目计划任务书和有关文件。
（2）项目总概算和单项工程综合概算书。
（3）项目设计图纸及说明书。
（4）设计交底、图纸会审资料。
（5）合同文件。
（6）项目竣工结算书。
（7）各种设计变更、经济签证。
（8）设备、材料调价文件及记录。
（9）竣工档案资料。
（10）相关的项目资料、财务决算及批复文件。

（二）电力工程项目竣工决算的内容

电力工程项目竣工决算应该包括从筹集到竣工投产全过程的全部实际费用，即包括建筑工程费、安装工程费、设备工器具购置费用以及预备费等费用。根据财政部、国家发展改革委和住房和城乡建设部的有关文件规定，竣工决算是由竣工财务决算说明书、竣工财务决算报表、工程竣工图以及工程竣工造价对比分析组成的。其中，竣工财务决算说明书与竣工财务决算报表两部分又称建设项目竣工财务决算，是竣工决算的核心内容。

1. 竣工财务决算说明书

竣工财务决算说明书主要反映竣工工程建设成果和经验，它是对竣工决算报表进行分析和补充说明的文件，是全面考核分析电力工程投资与造价的书面总结，是竣工决算报告的重要组成部分，其主要内容包括：

（1）项目概况。项目概况是对电力工程总的评价。一般从进度、质量、安全和造价方面进行分析说明。

①进度方面：主要说明开工时间和竣工时间，对照合理工期和要求工期分析是提前还是延期。

②质量方面：主要按照竣工验收委员会或相当一级质量监督部门的验收评定等级、合格率和优良品率进行说明。

③安全方面：主要按照劳动工资和施工部门的记录，对有无设备和人身事故进行说明。

④造价方面：主要对照概算造价，说明节约或超支的情况，用金额和百分率进行分析说明。

（2）资金来源及运用等财务分析。它主要包括工程价款结算、会计账务的处理、财产物资情况以及债权债务的清偿情况。

（3）基本建设收入、投资包干结余、竣工结余资金的上交分配情况。通过对基本建设投资包干情况的分析，说明投资包干数、实际支用数和节约额、投资包干节余的有机构成和包干节余的分配情况。

（4）各项经济技术指标的分析，概算执行情况的分析，按照实际投资完成额与概算进行对比分析：新增生产能力的效益分析，说明支付使用财产占总投资额的比例和占支付使用财产的比例，不增加固定资产的造价占投资总额的比例，分析有机构成和成果。

（5）工程建设的经验及项目管理和财务管理工作以及竣工财务决算中有待解决的问题。

（6）需要说明的其他事项。

2.竣工财务决算报表

电力工程项目竣工财务决算报表按照大、中型项目和小型项目分别制定。

大、中型电力工程项目竣工决算报表包括：项目竣工财务决算审批表，大、中型项目概况表，大、中型建设项目竣工财务决算表，大、中型项目交付使用资产总表及项目交付使用资产明细表。

小型电力工程项目竣工财务决算报表包括：项目竣工财务决算审批表、竣工财务决算总表和项目交付使用资产明细表等。

（1）电力工程项目竣工财务决算审批表如表8-2所示，电力工程项目竣工财务决算审批表作为竣工决算上报有关部门审批时使用，其格式是根据中央级小型项目审批要求设计的，地方级项目可根据审批要求做适当修改，大、中、小型项目都要根据下列要求填报此表。

表 8-2 电力工程项目竣工财务决算审批表

建设项目法人（建设单位）		建设性质	
建设项目名称		主管部门	
开户银行意见： （盖章）年 月 日			
专员办审批意见： （盖章）年 月 日			
主管部门或地方财政部门审批意见： （盖章）年 月 日			

①表中"建设性质"根据新建、改建、扩建、迁建和恢复建设项目等分类填列。

②表中"主管部门"是指建设单位的主管部门。

③所有项目都须经过开户银行签署意见后，根据有关要求进行报批：中央级小型项目由主管部门签署审批意见；中央级大、中型电力工程项目报所在地财政监察专员办事机构签署意见后，再由主管部门签署意见报财政部审批；地方级项目由同级财政部门签署审批意见。

④对于已具备竣工验收条件的项目，3个月内应及时地填报审批表，如果3个月内不办理竣工验收和固定资产移交手续的视同项目已正式投产，其费用不得从基本建设投资中支付，所实现的收入作为经营收入，不再作为基本建设收入。

（2）电力工程大、中型项目概况表如表8-3所示，大、中型项目概况表综合反映大、中型项目的基本概况，其内容包括该项目总投资、建设起止时间、新增生产能力、主要材料消耗、建设成本、完成主要工程量和主要技术经济指标，为全面考核和分析投资的效果提供了依据，可以按下列要求填写：

表 8-3 电力工程大、中型建设项目概况表

项目（单项项目）名称		建设地址				项目	概算/元	实际/元	备注
主要设计单位		主要施工企业				建筑安装工程投资			
占地面积	设计 实际	总投资/万元	设计	实际	基本建设支出	设备、工具、器具			
						待摊投资			
新增生产能力	能力（效益）名称 设计 实际					其中：建设单位管理费			
						其他投资			
建设起止时间	设计	从　年　月开工至　年　月竣工				待核销基建支出			
	实际	从　年　月开工至　年　月竣工				非经营项目转出投资			
						合计			
设计概算批准文号									
完成主要工程量	建设规模		设备/（台、套、吨）						
	设计	实际	设计		实际				
收尾工程	工程项目、内容	已完成投资额	尚需投资额		完成时间				

①项目名称、地址、主要设计单位和主要承包人，根据全称填列。

②表中各项目的设计、概算、计划等指标，按照批准的设计文件和概算、

计划等确定的数字填列。

③表中所列新增生产能力、完成主要工程量的实际数据，按照建设单位统计的资料和承包人提供的有关成本核算资料填列。

④表中基建支出是指建设项目从开工起至竣工为止发生的全部基本建设支出，它包括形成资产价值的交付使用资产，例如固定资产、流动资产、无形资产和其他资产支出，还包括不形成资产价值根据规定应核销的非经营项目的待核销基建支出和转出投资。

上述支出，应按照财政部门历年批准的基建投资表中的有关数据填列。根据财政部印发财基字〔1998〕4号关于《基本建设财务管理若干规定》的通知，应注意以下几点内容：

A.建筑安装工程投资支出、设备工器具投资支出、待摊投资支出以及其他投资支出构成建设项目的建设成本。

B.待核销基建支出是指非经营性项目发生的江河清障、补助群众造林、水土保持、城市绿化、取消项目可行性研究费、项目报废等无法形成资产部分的投资。对于能够形成资产部分的投资，应当计入交付使用资产价值。

C.非经营性项目转出投资支出是指非经营项目为项目配套的专用设施投资，它主要包括专用道路、专用通信设施、送变电站和地下管道等，其产权不属于本单位的投资支出，对于产权归属本单位的，应计入交付使用资产价值。

⑤表中"初步设计和概算批准文号"，根据最后经批准的日期和文件号填列。

⑥表中收尾工程是指全部工程项目验收后尚遗留的少量工程，在表中应明确填写收尾工程内容、完成时间和这部分工程的实际成本，可按照实际情况估算并且加以说明，完工后不再编制竣工决算。

（3）电力工程大、中型项目竣工财务决算表如表8-4所示，大、中型项目竣工财务决算表是竣工财务决算报表的一种，大、中型项目竣工财务决算表是用来反映电力工程项目的全部资金来源和资金占用情况，也是考核和分析投资效果的依据，它反映竣工的大、中型建设项目从开工到竣工为止全部资金来源和资金运用的情况，是考核和分析投资效果，落实结余资金，并且作为报告上级核销基本建设支出和基本建设拨款的依据。

在编制大、中型项目竣工财务决算表前，应先编制出项目竣工年度财务决算，按照编制出的竣工年度财务决算和历年财务决算编制项目的竣工财务决算。该表采用平衡表形式，即资金来源合计等于资金支出合计。具体编制方法如下。

表 8-4 电力工程大、中型项目竣工财务决算表

资金来源	金额	资金占用	金额	补充资料
一、基建拨款		一、基础建设支出		基建投资借款期末余额
1. 预算拨款		1. 交付使用资产		
2. 基建资金拨款		2. 在建工程		
其中：国债专项资金拨款		3. 待核销基建支出		
3. 专项建设资金拨款		4. 非经营性项目转出投资		
4. 进口设备转账拨款		二、应收生产单位投资借款		应收生产单位投资借款期末数
5. 器材转账拨款		三、拨付所属投资借款		
6. 煤代油专用资金拨款		四、器材		
7. 自筹资金拨款		其中：待处理器材损失		
8. 其他拨款		五、货币资金		
二、项目资本金		六、预付及应收款		基建结余资金
1. 国家资本		七、有价证券		
2. 法人资本		八、固定资产		
3. 个人资本		固定资产原价		
三、项目资本公积金		减：累计折旧		
四、基建借款		固定资产净值		
其中：国债转贷		固定资产清理		
五、上级拨入投资借款		待处理固定资产损失		
六、企业债券资金				
七、待冲基建支出				
八、应付款				
九、未交款				
1. 未交税金				
2. 其他未交款				
十、上级拨入资金				
十一、留成收入				
合计		合计		

①资金来源包括基建拨款、项目资本金、项目资本公积金、基建借款、上级拨入投资借款、企业债券资金、待冲基建支出、应付款和未交款以及上级拨入资金和企业留成收入等。

A. 项目资本金：项目资本金是指经营性项目投资者根据国家有关项目资本金的规定，筹集并投入项目的非负债资金，在项目竣工后，相应转为生产经营企业的国家资本金、法人资本金、个人资本金以及外商资本金。

B. 项目资本公积金：项目资本公积金是指经营性项目投资者实际缴付的出资额超过其资金的差额（包括发行股票的溢价净收入）、资产评估确认价值

或合同协议约定的价值与原账面净值的差额、接受捐赠的财产、资本汇率折算差额，在项目建设期间作为资本公积金，项目建成交付使用并办理竣工决算后，转为生产经营企业的资本公积金。

C.基建收入：基建收入是指基建过程中形成的各项工程建设副产品变价净收入、负荷试车的试运行收入以及其他收入，在表中它以实际销售收入扣除销售过程中所发生的费用和税后的实际纯收入填写。

②表中"交付使用资产""预算拨款""自筹资金拨款""其他拨款""项目资本金""基建投资借款"和"其他借款"等项目是指自开工建设至竣工的累计数，上述有关指标应按照历年批复的年度基本建设财务决算和竣工年度的基本建设财务决算中资金平衡表相应项目的数字进行汇总填写。

③表中其余项目费用办理竣工验收时的结余数，按照竣工年度财务决算中资金平衡表的有关项目期末数填写。

④资金支出反映建设项目从开工准备到竣工全过程资金支出的情况，其内容包括基建支出、应收生产单位投资借款、库存器材、货币资金、有价证券和预付及应收款，以及拨付所属投资借款和库存固定资产等，资金支出总额应该等于资金来源总额。

⑤基建结余资金按以下公式计算：

基建结余资金＝基建拨款＋项目资本金＋项目资本公积金＋基建投资借款＋企业债券基金＋待冲基建支出－基本建设支出－应收生产单位投资借款

（4）电力工程大、中型项目交付使用资产总表如表8-5所示，大、中型项目交付使用资产总表反映建设项目建成后新增固定资产、流动资产、无形资产和其他资产价值的情况和价值，作为财产交接、检查投资计划完成情况和分析投资效果的依据。小型项目不编制交付使用资产总表，直接编制交付使用资产明细表，大、中型项目在编制交付使用资产总表的同时，还需要编制交付使用资产明细表，大、中型建设项目交付使用资产总表具体编制方法如下。

表8-5 电力工程大、中型项目交付使用资产总表

序号	单项工程项目名称	总计	固定资产				流动资产	无形资产	其他资产
			合计	建安工程	设备	其他			
交付单位： 负责人： 盖章 年 月 日					接收单位： 负责人： 盖章 年 月 日				

①表中各栏目数据按照交付使用明细表的固定资产、流动资产、无形资

产和其他资产的各项相应项目的汇总数分别填写，表中总计栏的总计数应该与竣工财务决算表中的交付使用资产的金额一致。

②表中第 3 栏、第 4 栏，第 8、9、10 栏的合计数，应该分别与竣工财务决算表交付使用的固定资产、流动资产、无形资产和其他资产的数据相符。

（5）电力工程项目交付使用资产明细表如表 8-6 所示。电力工程项目交付使用资产明细表反映交付使用的固定资产、流动资产、无形资产和其他资产及其价值的明细情况，是办理资产交接和接收单位登记资产账目的依据，也是使用单位建立资产明细账和登记新增资产价值的依据。大、中型和小型项目都需编制该表。在编制电力工程项目交付使用资产明细表时，要做到齐全完整，数字准确，各栏目价值应该与会计账目中相应科目的数据保持一致。电力工程项目交付使用资产明细表具体编制方法如下。

表 8-6 电力工程项目交付使用资产明细表

单项工程名称	电力工程			设备、工具、器具、家具						流动资产		无形资产		其他资产	
	结构	面积/m²	价值/元	名称	规格型号	单位	数量	价值/元	设备安装费/元	名称	价值/元	名称	价值/元	名称	价值/元

①表中"电力工程"项目应根据单项工程名称填列其结构、面积和价值。其中"结构"根据钢结构、钢筋混凝土结构、混合结构等结构形式填写；面积则根据各项目实际完成面积填列；价值根据交付使用资产的实际价值填写。

②表中"固定资产"部分要在逐项盘点后，按照盘点实际情况填写，工具、器具和家具等低值易耗品可以分类填写。

③表中"流动资产""无形资产"和"其他资产"项目应按照建设单位实

际交付的名称和价值分别填列。

（6）电力工程小型项目竣工财务决算总表如表 8-7 所示，由于小型项目内容比较简单，所以可将工程概况与财务情况合并编制一张竣工财务决算总表，该表主要反映小型项目的全部工程和财务情况。小型项目竣工财务决算总表在具体编制时，可以参照大、中型项目概况表指标和大、中型项目竣工财务决算表相应指标内容填写。

表 8-7 电力工程小型项目竣工财务决算总表

电力工程项目名称			建设地址				资金来源		资金运用	
初步设计概算批准文件							项目	金额／元	项目	金额／元
占地面积	计划	实际	总投资／万元	计划		实际		一、基建拨款其中：预算拨款		一、交付使用资产	
				固定资产	流动资金	固定资产	流动资金	二、项目资本金		二、待核销基建支出	
								三、项目资本公积金		三、非经营项目转出投资	
新增生产力	能力（效益）名称		设计		实际		四、基建借款		四、应收生产单位投资借款	
							五、上级拨入借款			
建设起止时间	计划		从 年 月开工至 年 月竣工				六、企业债券资金		五、拨付所属投资借款	
	实际		从 年 月开工至 年 月竣工				七、待冲基建资金		六、器材	
基建支出	项目		概算／元		实际／元		八、应付款		七、货币资金	
	建筑安装工程						九、未付款其中：未交基建收入未交包干收入		八、预付及应收款	
	设备、工具、器具								九、有价证券	
	待摊投资		其中：建设单位管理费						十、原有固定资产	
	其他投资						十、上级拨入资金			
	待核销基建支出						十一、留成收入			
	非经营性项目转出投资									
	合计						合计		合计	

3. 工程项目造价分析资料表

对控制工程造价所采取的措施、效果及其动态的变化需要进行认真的对比，总结经验教训。批准的概算是考核电力工程造价的依据。在具体分析时，可以先对比整个项目的总概算，然后将建筑安装工程费、设备工器具费和其他工程费用逐一地与竣工决算表中所提供的实际数据和相关资料及批准的概算、预算指标、实际的工程造价进行对比分析，从而确定电力工程竣工项目总造价是节约还是超支，并且在对比的基础上，总结先进经验，找出节约和超支的内容和原因，提出改进措施。在实际工作中，主要应分析以下内容：

（1）主要实物工程量。对于实物工程量出入较大的情况，必须查明原因。

（2）主要材料消耗量。考核主要材料消耗量，应当根据竣工决算表中所列明的三大材料实际超概算的消耗量，在明是在工程的哪个环节超出量最大，进而查明超耗的原因。

（3）考核建设单位管理费、措施费和间接费的取费标准。建设单位管理费、措施费和间接费的取费标准应当根据国家和各地的有关规定，按照竣工决算报表中所列的建设单位管理费与概预算所列的建设单位管理费数额进行比较，依据规定查明多列或少列的费用项目，确定其节约超支的数额，并查明原因。

（三）电力工程项目竣工决算的编制程序

电力工程项目竣工决算的编制应当遵循下列程序：

1. 收集、整理有关项目竣工决算依据

在电力工程项目竣工决算编制之前，应认真收集、整理各种有关的项目竣工决算依据，做好各项基础工作，确保项目竣工决算编制的完整性。项目竣工决算的编制依据是各种研究报告、投资估算、设计文件、设计概算、批复文件、变更记录、招标标底、投标报价、工程合同、工程结算、基建计划、调价文件、竣工档案等各种工程文件资料。

2. 清理项目账务、债务和结算物资

项目账务、债务和结算物资的清理核对是确保项目竣工决算编制工作准确有效的重要环节。要认真核实电力工程项目交付使用资产的成本，做好各种账务、债务和结余物资的清理工作，做到及时清偿、及时回收。清理的具体工作要做到逐项清点、核实账目、整理汇总、妥善管理。

3. 填写项目竣工决算报告

电力工程项目竣工决算报告的内容是项目建设成果的综合反映。项目竣工决算报告中各种财务决算表格中的内容应依据编制资料进行计算和统计，并符合有关规定。

4. 编写竣工决算说明书

电力工程项目竣工决算说明书具有建设项目竣工决算系统性的特点，综合反映项目从筹建开始到竣工交付使用为止全过程的建设情况，包括项目建设成果和主要技术经济指标的完成情况。

5. 报上级审查

电力工程项目竣工决算编制完毕，应将编写的文字说明和填写的各种报表，经过反复认真校稿核对无误后装帧成册，形成完整的项目竣工决算文件报告，及时上报审批。

第三节 电力工程项目回访保修

一、电力工程项目回访工作计划

在项目经理的领导下，由生产、技术、质量及有关方面人员组成回访小组，并制订具体的电力工程项目回访工作计划。回访保修工作计划应形成文件，每次回访结束应当填写回访记录，并对质量保修进行验证。回访应当关注发包人及其他相关方对竣工项目质量的反馈意见，并及时按照情况实施改进措施。

电力工程项目回访保修工作计划应当包括下列内容：

（1）主管回访保修的部门。

（2）执行回访保修工作的单位。

（3）回访时间及主要内容和方式。

二、电力工程项目回访工作内容

为了进一步贯彻"质量第一"和"为生产服务"的基本建设方针，进一步明确设计、施工回访制度及定期检查统计新投产工程生产运行情况，考察在生产最初几年中反映出来的电力工程质量及设备质量情况，将生产实践中暴露出来的问题及时反馈到相关方面，可参照原水电部生产司、基建司和电力规划设计院联合颁发的《新投产火电工程回访工作及情况报告暂行规定》，进行工程回访的主要内容如下：

按照规定的格式，设计单位、施工单位和生产单位要分别填报新投产工程的生产情况报告、大修情况报告及回访情况报告。电力规划设计院、主管电管局、电力局负责督促检查。

新投产火电工程按投产之日算起，每一周年填报新投产火电工程情况报告一次，连续报告 3 年，进口及国产新型成套机组有必要时经部或主管局指定，考察期可延长为 4 年或 5 年。

新投产工程情况报告分以下三种。

（1）新投产火电工程生产情况报告，由大区电力公司或省电力公司组织生产单位进行填写，省电力公司报出。从机组移交生产之日算起运行满一周年、两周年、三周年时各统计上报一次，到期后 15d 内报出。

（2）新投产火电工程大修情况报告，由省电力公司组织生产单位进行填写，省电力公司报出。在新机组投产后第一次大修结束后 30d 内报出。

（3）新投产火电工程回访情况报告，在机组移交生产后每一周年由主管网公司（或省电力公司）组织设计和施工单位联合进行工程回访一次。回访报告应当在回访结束后 15d 内报出。当工程由土建、安装单位分包时，由土建单位、安装单位分别填报。

新投产火电工程情况报告报送单位应当按原电力部规定执行。

新投产工程情况报告是掌握、分析、对比与积累工程建设情况，提高工程质量的重要手段之一，填报单位要认真及时统计上报，内容务求准确。当缺陷和事故原因不确切或看法不一致时，应当将不同意见加以说明。

关于新投产的工程回访工作，设计单位、施工单位除了应按上述要求执行外，还应当执行设计管理制度和工程质量管理制度规定的回访的要求。

新工艺等的应用情况为重点，并按照需要及时采取改进措施。

电力工程项目回访工作的方式有以下三种方法：

（1）季节性回访。季节性回访大多数是雨季回访屋面、墙面的防水情况，冬季回访锅炉房及采暖系统的情况。如果发现问题，采取有效措施，及时加以解决。

（2）技术性的回访。技术性回访主要了解在工程施工过程中所采用的新材料、新技术、新工艺、新设备等的技术性能和使用后的效果，发现问题，及时加以补救和解决。同时，也便于总结经验，获取科学依据，不断改进与完善，并为进一步推广创造条件。这种回访方法既可定期进行，也可以不定期进行。

（3）保修期满前的回访。这种回访方法一般是在保修即将届满之前，既可以解决出现的问题，又标志着保修期即将结束，使业主单位注意建筑物的维修和使用。

第四节 电力工程项目管理考核评价

一、电力工程项目管理考核评价指标

电力工程项目考核评价指标可以分为定量指标和定性指标两类，是对项目管理的实施效果做出客观、正确、科学分析和论证的依据。选择一组适用的指标对某一项目的管理目标进行定量或定性分析，是考核评价项目管理成果的需要。

（一）项目考核评价定量指标

电力工程项目考核评价的定量指标，是指反映项目实施成果，可做量化比较分析的专业技术经济指标。定量指标的内容应按项目评价的要求确定，主要包括以下几方面内容。

1. 工期

电力工程的工期长短是综合反映工程项目管理水平、项目组织协调能力、施工技术设备能力、各种资源配置能力等方面情况的指标。在评价电力工程项目管理效果时，一般都将工期作为一个重要指标来考核。

实际工期指统计实际工期，可以按单位工程、单项工程和建设项目的实际工期分别计算。工期提前或拖后是指实际工期与合同工期的差异及与定额工期的差异。

2. 质量

工程质量是电力工程项目考核评价的关键性指标，它是依据工程建设强制性标准的规定，对工程质量合格与否做出的鉴定。评价工程质量的依据是工程勘察质量检查报告、工程设计质量检查报告、工程施工质量检查报告以及工程监理质量评估报告等。

3. 成本

成本指标有两个：降低成本额和降低成本率。

$$降低成本额 = 预算成本 - 实际成本$$

$$降低成本率 = （预算成本 - 实际成本）/ 预算成本 \times 100\%$$

4. 职业健康安全

职业健康安全控制目标是工程项目管理的重要目标之一，根据中华人民共和国住房和城乡建设部发布的行业标准《建筑施工安全检查标准》（JGJ 59–2011）的规定，项目职业健康安全标准分为优良、合格、不合格三个等级。职业健康安全事故的分类，应根据国家标准《企业伤亡事故分类》（GB 6441–1986）的规定执行。

项目职业健康安全控制目标包括杜绝重大伤亡事故、机械事故、火灾事故和工伤频率控制等。

贯彻"安全第一，预防为主"的方针，坚持职业健康安全控制程序，消除、减少安全事故，确保人员健康安全和财产免受损失，是实现安全控制目标的重要确保。

5. 环境保护

环境保护是根据法律、法规、标准的规定，各级行政主管部门和企业的要求，保护和改善项目现场的环境，控制现场的各种粉尘、废水、废气、固体废弃物、噪声、振动等对环境的污染和危害。项目环境保护指标的内容主要包括：

（1）项目现场噪声限值。

（2）现场土方、粉状材料管理覆盖率、道路硬化率。

（3）项目资源能源节约率等。

（二）项目考核评价定性指标

电力工程项目考核评价的定性指标是指综合评价或单项评价项目管理水平的非量化指标，且有可靠的论证依据和办法，对项目实施效果做出科学评价。

电力工程项目考核评价的定性指标可包括经营管理理念，项目管理策划，管理制度及方法，新工艺、新技术推广，社会效益及其社会评价等。

二、电力工程项目管理考核评价方式

按照项目范围管理和组织实施方式的不同，组织应当采取不同的项目考核评价方式。电力工程项目考核评价可以按年度进行，也可以按电力工程进度计划划分阶段进行，还可以综合以上两种方式，再按照工程部位划分阶段进行，考核中插入按照自然时间划分阶段进行考核。电力工程完工后，必须全面地对项目管理进行终结性考核。

电力工程项目终结性考核的内容应当包括确认阶段性考核的结果，确认项目管理的最终结果，确认该项目经理部是否具备"解体"的条件。经过考核评价后，兑现"项目管理目标责任书"确定的奖励和处罚。

三、电力工程项目管理考核评价程序

电力工程项目考核评价应当按下列工程序进行：

（1）制定考核评价办法。

（2）建立考核评价组织。

（3）确定考核评价方案。

（4）实施考核评价工作。

（5）提出考核评价报告。

参考文献

[1] 全国造价工程师执业资格考试培训教材编审委员会 . 建设工程造价管理 [M]. 北京：中国计划出版社，2013.

[2] 全国一级建造师执业资格考试用书编写委员会 . 建设工程经济 [M]. 北京：中国建筑工业出版社，2015.

[3] 全国造价工程师执业资格考试培训教材编审委员会 . 建筑工程造价案例分析（2014 年修订）[M]. 北京：中国城市出版社，2014.

[4] 中国建设监理协会 . 建设工程投资控制 [M]. 北京：中国建筑工业出版社，2015.

[5] 中国建设工程造价管理协会 . 建筑工程造价管理基础知识 [M]. 北京：中国计划出版社，2014.

[6] 斯庆 . 工程造价控制 [M].2 版 . 北京：北京大学出版社，2014.

[7] 姜新春 . 工程造价控制与案例分析 [M]. 大连：大连理工大学出版社，2013.

[8] 赵富田，厉莎 . 工程造价控制与管理 [M]. 郑州：黄河水利出版社，2013.

[9] 中华人民共和国住房和城乡建设部 .GB 50500—2013 建设工程工程量清单计价规范 [S]. 北京：中国计划出版社，2013.

[10] 中华人民共和国国家发展和改革委员会，中华人民共和国建设部 . 建设项目经济计价方法与参数 [M].3 版 . 北京：中国计划出版社，2006.

[11] 中国建设工程造价管理协会 . 建设工程造价管理基础知识 [M]. 北京：中国计划出版社，2010.

[12] 中国建设工程造价管理协会 .CECA/GC 1—2007 建设项目投资估算编审规程 [S]. 北京：中国计划出版社，2007.

[13] 中国建设工程造价管理协会 .CECA/GC 2—2007 建设项目设计概算编审规程 [S]. 北京：中国计划出版社，2007.

[14] 建设工程工程量清单计价规范编制组 .2013 建设工程计价计量规范辅导 [M]. 北京：中国计划出版社，2013.

[15] 国家发展改革委，建设部 . 建设项目经济评价方法与参数 [M].3 版 . 北京：

中国计划出版社，2006.

[16] 纪建悦，许罕多 . 现代项目成本管理 [M]. 北京：机械工业出版社，2008.

[17] 田振郁 . 项目经理操作手册 [M]. 北京：中国建筑工业出版社，2008.

[18] 牟文，徐久平 . 项目成本管理 [M]. 北京：经济管理出版社，2008.

[19] 田振郁 . 工程项目风险防范手册 [M]. 北京：中国建筑工业出版社，2009

[20] 盛文俊 . 工程成本会计学 [M]. 重庆：重庆大学出版社，2002.

[21] 王玉红 . 施工企业会计 [M]. 大连：东北财经大学出版社，2004.

[22] 罗飞 . 成本会计 [M]. 北京：高等教育出版社，2000.

[23] 杨中和 . 施工企业会计 [M]. 大连：东北财经大学出版社，1998.

[24] 中华人民共和国住房和城乡建设部 .GB 50500—2013 建设工程工程量清
　　单计价规范 [S]. 北京：中国计划出版社，2013.

[25] 关永冰，谷莹莹，方业傅 . 工程造价管理 [M]. 北京：北京理工大学出版
　　社，2013.

[26] 王朝霞 . 建筑工程定额与计价 [M].4 版，北京：中国电力出版社，2013.

[27] 斯庆，宋显锐 . 工程造价管理 [M]. 北京：北京大学出版社，2009.

[28] 黄伟典 . 建筑工程计量与计价 [M].2 版，北京：中国电力出版社，2009.

[29] 刘钟莹，徐红 . 建筑工程造价与投标报价（2001 定额）[M]. 南京：东南
　　大学出版社，2002.

[30] 谭德精，吴学伟，李江涛 . 工程造价确定与控制 [M].4 版，重庆；重庆大
　　学出版社，2011.

[31] 何丕军 . 建筑施工企业会计 [M]. 北京：机械工业出版社，2004.

[32] 俞文青 . 施工企业会计 [M]. 上海：立信会计出版社，1999.

[33] 财政部会计资格评价中心 . 中级会计事务 [M]. 北京：经济科学出版社，
　　2004.

[34] 本书编写组 . 最新企业会计准则讲解与运用 [M]. 上海：立信会计出版社，
　　2006.

[35] 乔世震 . 最新企业财务通则讲解与运用 [M]. 大连：东北财经大学出版社，
　　2007.

[36] 周子炯 . 建筑工程项目设计管理手册 [M]. 北京：中国建筑工业出版社，
　　2013.